TRANZLATY

La Langue est pour tout le Monde

Jazyk je pro každého

Le Manifeste Communiste

Komunistický Manifest

Karl Marx
&
Friedrich Engels

Français / Čeština

Introduction
Úvod

Un spectre hante l'Europe : le spectre du communisme
Evropou obchází strašidlo – strašidlo komunismu

Toutes les puissances de la vieille Europe ont conclu une sainte alliance pour exorciser ce spectre
Všechny mocnosti staré Evropy vstoupily do svatého spolku, aby toto strašidlo vymýtily

Le pape et le tsar, Metternich et Guizot, les radicaux français et les espions de la police allemande
Papež a car, Metternich a Guizot, francouzští radikálové a němečtí policejní špioni

Où est le parti dans l'opposition qui n'a pas été décrié comme communiste par ses adversaires au pouvoir ?
Kde je opoziční strana, která nebyla svými oponenty u moci odsouzena jako komunistická?

Où est l'opposition qui n'a pas rejeté le reproche de marque du communisme contre les partis d'opposition les plus avancés ?
Kde je opozice, která by nevrhla zpět výčitku komunismu proti vyspělejším opozičním stranám?

Et où est le parti qui n'a pas porté l'accusation contre ses adversaires réactionnaires ?
A kde je ta strana, která nevznesla žalobu proti svým reakčním protivníkům?

Deux choses résultent de ce fait
Z této skutečnosti vyplývají dvě věci

I. Le communisme est déjà reconnu par toutes les puissances européennes comme étant lui-même une puissance
Komunismus je již všemi evropskými mocnostmi uznáván za to, že je sám mocností

II. Il est grand temps que les communistes publient ouvertement, à la face du monde entier, leurs vues, leurs buts et leurs tendances
II. Je nejvyšší čas, aby komunisté otevřeně, před celým světem, zveřejnili své názory, cíle a tendence

ils doivent répondre à ce conte enfantin du spectre du communisme par un manifeste du parti lui-même

musí na tuto dětskou pohádku o strašidle komunismu odpovědět Manifestem samotné strany

À cette fin, des communistes de diverses nationalités se sont réunis à Londres et ont esquissé le manifeste suivant

Za tímto účelem se komunisté různých národností shromáždili v Londýně a načrtli následující Manifest

ce manifeste sera publié en anglais, français, allemand, italien, flamand et danois

tento manifest bude zveřejněn v anglickém, francouzském, německém, italském, vlámském a dánském jazyce

Et maintenant, il doit être publié dans toutes les langues proposées par Tranzlaty

A nyní má být zveřejněn ve všech jazycích, které Tranzlaty nabízí

Les bourgeois et les prolétaires
Buržoazie a proletáři
L'histoire de toutes les sociétés qui ont existé jusqu'à
présent est l'histoire des luttes de classes
Dějiny všech dosavadních společností jsou dějinami třídních
bojů
Homme libre et esclave, patricien et plébéien, seigneur et
serf, maître de guilde et compagnon
Svobodný člověk a otrok, patricij a plebejec, pán a nevolník,
cechovní mistr a tovaryš
en un mot, oppresseur et opprimé
jedním slovem, utlačovatel a utlačovaný
Ces classes sociales étaient en opposition constante les unes
avec les autres
Tyto společenské třídy stály v neustálém vzájemném
protikladu
Ils se sont battus sans interruption. Maintenant caché,
maintenant ouvert
Pokračovali v nepřetržitém boji. Teď skrytá, teď otevřená
un combat qui s'est terminé par une reconstitution
révolutionnaire de la société dans son ensemble
boje, který buď skončil revoluční re-konstitucí společnosti jako
celku
ou un combat qui s'est terminé par la ruine commune des
classes en lutte
nebo boj, který skončil společnou zkázou soupeřících tříd
Jetons un coup d'œil aux époques antérieures de l'histoire
Podívejme se zpět do dřívějších epoch dějin
Nous trouvons presque partout un arrangement compliqué
de la société en divers ordres
Téměř všude nacházíme složité uspořádání společnosti do
různých řádů
Il y a toujours eu une gradation multiple du rang social
Vždy existovalo mnohotvárné odstupňování společenského
postavení

Dans la Rome antique, nous avons des patriciens, des chevaliers, des plébéiens, des esclaves

Ve starém Římě máme patricije, rytíře, plebejce, otroky

au Moyen Âge : seigneurs féodaux, vassaux, maîtres de corporation, compagnons, apprentis, serfs

ve středověku: feudální páni, vazalové, cechovní mistři, tovaryši, učni, nevolníci

Dans presque toutes ces classes, encore une fois, les gradations subordonnées

Téměř ve všech těchto třídách jsou opět podřadné odstupňování

La société bourgeoise moderne est née des ruines de la société féodale

Moderní buržoazní společnost vyrostla z trosek feudální společnosti

Mais ce nouvel ordre social n'a pas fait disparaître les antagonismes de classe

Ale tento nový společenský řád neodstranil třídní protiklady

Elle n'a fait qu'établir de nouvelles classes et de nouvelles conditions d'oppression

Vytvořila jen nové třídy a nové podmínky útlaku

Il a mis en place de nouvelles formes de lutte à la place des anciennes

zavedla nové formy boje namísto těch starých

Cependant, l'époque dans laquelle nous nous trouvons possède un trait distinctif

Epocha, ve které se nacházíme, má však jeden charakteristický rys

l'époque de la bourgeoisie a simplifié les antagonismes de classe

Epocha buržoazie zjednodušila třídní protiklady

La société dans son ensemble se divise de plus en plus en deux grands camps hostiles

Společnost jako celek se stále více štěpí na dva velké nepřátelské tábory

deux grandes classes sociales qui se font directement face : la bourgeoisie et le prolétariat

dvě velké společenské třídy přímo proti sobě: buržoazie a proletariát

Des serfs du Moyen Âge sont sortis les bourgeois agréés des premières villes

Z nevolníků středověku vzešli statičtí měšťané z nejstarších měst

C'est à partir de ces bourgeois que se sont développés les premiers éléments de la bourgeoisie

Z těchto měšťanů se vyvinuly první prvky buržoazie

La découverte de l'Amérique et le contournement du Cap

Objevení Ameriky a obeplutí mysu

ces événements ont ouvert un nouveau terrain à la bourgeoisie montante

tyto události otevřely novou půdu pro rostoucí buržoazii

Les marchés des Indes orientales et de la Chine, la colonisation de l'Amérique, le commerce avec les colonies

Východoindický a čínský trh, kolonizace Ameriky, obchod s koloniemi

l'augmentation des moyens d'échange et des marchandises en général

vzrůst směnných prostředků a zboží vůbec

Ces événements donnèrent au commerce, à la navigation et à l'industrie une impulsion jamais connue jusque-là

Tyto události daly obchodu, plavbě a průmyslu podnět nikdy předtím neznámý

Elle a donné un développement rapide à l'élément révolutionnaire dans la société féodale chancelante

Dala rychlý rozvoj revolučnímu živlu v rozkolísané feudální společnosti

Les guildes fermées avaient monopolisé le système féodal de la production industrielle

Uzavřené cechy monopolizovaly feudální systém průmyslové výroby

Mais cela ne suffisait plus aux besoins croissants des nouveaux marchés
To však již nestačilo na rostoucí potřeby nových trhů

Le système manufacturier a pris la place du système féodal de l'industrie
Na místo feudálního systému průmyslu nastoupil manufakturní řád

Les maîtres de guilde étaient poussés d'un côté par la classe moyenne manufacturière
Cechovní mistři byli odsunuti na jednu stranu průmyslovou střední třídou

La division du travail entre les différentes corporations a disparu
Dělba práce mezi různými korporativními cechy zmizela

La division du travail s'infiltrait dans chaque atelier
Dělba práce pronikla do každé dílny

Pendant ce temps, les marchés ne cessaient de croître et la demande ne cessait d'augmenter
Mezitím trhy stále rostly a poptávka stále stoupala

Même les usines ne suffisaient plus à répondre à la demande
Ani továrny již nestačily uspokojit poptávku

À partir de là, la vapeur et les machines ont révolutionné la production industrielle
Pára a stroje pak způsobily revoluci v průmyslové výrobě

La place de fabrication a été prise par le géant de l'industrie moderne
Místo výroby zaujal gigant, moderní průmysl

La place de la classe moyenne industrielle a été prise par des millionnaires industriels
Na místo průmyslové střední třídy nastoupili průmysloví milionáři

la place de chefs d'armées industrielles entières ont été prises par la bourgeoisie moderne
na místo vůdců celých průmyslových armád nastoupila moderní buržoazie

**la découverte de l'Amérique a ouvert la voie à l'industrie
moderne pour établir le marché mondial**

objevení Ameriky vydláždilo cestu modernímu průmyslu k
vytvoření světového trhu

**Ce marché donna un immense développement au commerce,
à la navigation et aux communications par terre**

Tento trh přinesl obrovský rozvoj obchodu, plavby a
pozemních komunikací

**Cette évolution a, en son temps, réagi à l'extension de
l'industrie**

Tento vývoj ve své době reagoval na rozšiřování průmyslu

**elle a réagi proportionnellement à l'expansion de l'industrie
et à l'extension du commerce, de la navigation et des
chemins de fer**

Reagovala úměrně tomu, jak se rozšiřoval průmysl a obchod,
plavba a železnice

**dans la même proportion que la bourgeoisie s'est
développée, elle a augmenté son capital**

tou měrou, jak se rozvíjela buržoazie, zvětšovala svůj kapitál

**et la bourgeoisie a relégué à l'arrière-plan toutes les classes
héritées du Moyen Âge**

a buržoazie zatlačila do pozadí všechny třídy zděděné ze
středověku

**c'est pourquoi la bourgeoisie moderne est elle-même le
produit d'un long développement**

proto je moderní buržoazie sama produktem dlouhého
vývojového běhu

**On voit qu'il s'agit d'une série de révolutions dans les
modes de production et d'échange**

Vidíme, že je to řada revolucí ve výrobních způsobech a ve
směnných způsobech

**Chaque étape du développement de la bourgeoisie
s'accompagnait d'une avancée politique correspondante**

Každý vývojový krok buržoazie byl doprovázen
odpovídajícím politickým pokrokem

Une classe opprimée sous l'emprise de la noblesse féodale

Utlačovaná třída pod nadvládou feudální šlechty

Une association armée et autonome dans la commune médiévale

ozbrojené a samosprávné sdružení ve středověké komuně

ici, une république urbaine indépendante (comme en Italie et en Allemagne)

zde nezávislou městskou republikou (jako v Itálii a Německu)

là, un « tiers état » imposable de la monarchie (comme en France)

tam zdanitelný "třetí stav" monarchie (jako ve Francii)

par la suite, dans la période de fabrication proprement dite

poté, v době vlastní výroby

la bourgeoisie servait soit la monarchie semi-féodale, soit la monarchie absolue

buržoazie sloužila buď polofeudální nebo absolutní monarchii

ou bien la bourgeoisie faisait contrepoids à la noblesse

nebo buržoazie vystupovala jako protiváha proti šlechtě

et, en fait, la bourgeoisie était une pierre angulaire des grandes monarchies en général

a buržoazie byla ve skutečnosti úhelným kamenem velkých monarchií vůbec

mais l'industrie moderne et le marché mondial se sont établis depuis lors

ale od té doby se etabloval velký průmysl a světový trh

et la bourgeoisie s'est emparée de l'emprise politique exclusive

a buržoazie si vydobyla výlučnou politickou nadvládu

elle a obtenu cette influence politique à travers l'État représentatif moderne

tohoto politického vlivu dosáhla prostřednictvím moderního zastupitelského státu

Les exécutifs de l'État moderne ne sont qu'un comité de gestion

Výkonná moc moderního státu není ničím jiným než řídícím výborem

et ils gèrent les affaires communes de toute la bourgeoisie

a spravují společné záležitosti celé buržoazie

La bourgeoisie, historiquement, a joué un rôle des plus révolutionnaires

Buržoazie sehrála historicky nejrevolučnější úlohu

Partout où elle a pris le dessus, elle a mis fin à toutes les relations féodales, patriarcales et idylliques

Všude, kde získala převahu, skoncovala se všemi feudálními, patriarchálními a idylickými vztahy

Elle a impitoyablement déchiré les liens féodaux hétéroclites qui liaient l'homme à ses « supérieurs naturels »

Nemilosrdně zpřetrhala pestré feudální svazky, které poutaly člověka k jeho "přirozeným nadřízeným"

et il n'y a plus de lien entre l'homme et l'homme, si ce n'est l'intérêt personnel

a nezůstalo žádné spojení mezi člověkem a člověkem, kromě holého vlastního zájmu

Les relations de l'homme entre eux ne sont plus qu'un « paiement en espèces » impitoyable

Vzájemné vztahy lidí se staly jen bezcitnou "platbou za peníze"

Elle a noyé les extases les plus célestes de la ferveur religieuse

Utopila nejnebeštější extáze náboženského zápalu

elle a noyé l'enthousiasme chevaleresque et le sentimentalisme philistin

utopila rytířské nadšení a šosáckou sentimentalitu

Il a noyé ces choses dans l'eau glacée du calcul égoïste

utopila tyto věci v ledové vodě egoistické vypočítavosti

Il a transformé la valeur personnelle en valeur échangeable

Rozložila osobní hodnotu na směnnou hodnotu

elle a remplacé les innombrables et inaliénables libertés garanties par la Charte

nahradila nesčetné a nezrušitelné zaručené svobody

et il a mis en place une liberté unique et inadmissible ; Libre-échange

a nastolila jedinou, nehoráznou svobodu; Svobodný obchod

En un mot, il l'a fait pour l'exploitation
Jedním slovem, udělala to kvůli vykořisťování
Une exploitation voilée par des illusions religieuses et politiques
vykořisťování zahalené náboženskými a politickými iluzemi
l'exploitation voilée par une exploitation nue, éhontée, directe, brutale
vykořisťování zahalené nahým, nestoudným, přímým, brutálním vykořisťováním
la bourgeoisie a enlevé l'auréole de toutes les occupations jusque-là honorées et vénérées
buržoazie svlékla svatozář ze všech dříve uctívaných a uctívaných povolání
le médecin, l'avocat, le prêtre, le poète et l'homme de science
lékař, právník, kněz, básník a muž vědy
Il a converti ces travailleurs distingués en ses travailleurs salariés
přeměnila tyto význačné dělníky ve své placené námezdní dělníky
La bourgeoisie a déchiré le voile sentimental de la famille
Buržoazie strhla sentimentální závoj z rodiny
et elle a réduit la relation familiale à une simple relation d'argent
a zredukovala rodinný vztah na pouhý peněžní vztah
la brutale démonstration de vigueur au Moyen Âge que les réactionnaires admirent tant
brutální projev síly ve středověku, který reakcionáři tolik obdivují
Même cela a trouvé son complément approprié dans l'indolence la plus paresseuse
I to našlo svůj vhodný doplněk v nejlenivější lenosti
La bourgeoisie a révélé comment tout cela s'est passé
Buržoazie odhalila, jak se to všechno stalo
La bourgeoisie a été la première à montrer ce que l'activité de l'homme peut produire

Buržoazie byla první, kdo ukázala, co může přinést lidská aktivita

Il a accompli des merveilles surpassant de loin les pyramides égyptiennes, les aqueducs romains et les cathédrales gothiques

Dokázala zázraky, které daleko předčily egyptské pyramidy, římské akvadukty a gotické katedrály

et il a mené des expéditions qui ont mis dans l'ombre tous les anciens Exodes des nations et les croisades

a podnikala výpravy, které zastínily všechny dřívější exody národů a křížové výpravy

La bourgeoisie ne peut exister sans révolutionner sans cesse les instruments de production

Buržoazie nemůže existovat, aniž by neustále revolucionizovala výrobní nástroje

et par conséquent elle ne peut exister sans ses rapports à la production

a proto nemůže existovat bez svých vztahů k výrobě

et donc elle ne peut exister sans ses relations avec la société

a proto nemůže existovat bez svých vztahů ke společnosti

Toutes les classes industrielles antérieures avaient une condition en commun

Všechny dřívější průmyslové třídy měly jednu společnou podmínku

Ils s'appuyaient sur la conservation des anciens modes de production

Spoléhali na zachování starých výrobních způsobů

mais la bourgeoisie a apporté avec elle une dynamique tout à fait nouvelle

buržoazie však s sebou přinesla zcela novou dynamiku

Révolution constante de la production et perturbation ininterrompue de toutes les conditions sociales

Neustálá revoluce ve výrobě a nepřetržité narušování všech společenských podmínek

cette incertitude et cette agitation perpétuelles distinguent l'époque bourgeoise de toutes les époques antérieures

tato věčná nejistota a neklid odlišují buržoazní epochu od všech dřívějších

Les relations antérieures avec la production s'accompagnaient de préjugés et d'opinions anciens et vénérables

Předchozí styky s výrobou přišly s prastarými a úctyhodnými předsudky a názory

Mais toutes ces relations figées et figées sont balayées d'un revers de main

ale všechny tyto pevné, rychle zamrzlé vztahy jsou smeteny

Toutes les relations nouvellement formées deviennent archaïques avant de pouvoir s'ossifier

Všechny nově vytvořené vztahy zastarají dříve, než mohou zkostnatět

Tout ce qui est solide se fond dans l'air, et tout ce qui est saint est profané

Všechno pevné se rozplývá ve vzduchu a všechno svaté je znesvěceno

L'homme est enfin forcé de faire face, avec des sens sobres, à ses conditions réelles de vie

Člověk je konečně nucen čelit střízlivým smyslům svým skutečným životním podmínkám

et il est obligé de faire face à ses relations avec les siens

a je nucen čelit svým vztahům se svým druhem

La bourgeoisie a constamment besoin d'élargir ses marchés pour ses produits

Buržoazie neustále potřebuje rozšiřovat své trhy pro své výrobky

et, à cause de cela, la bourgeoisie est poursuivie sur toute la surface du globe

a kvůli tomu je buržoazie pronásledována po celém povrchu zeměkoule

La bourgeoisie doit se nicher partout, s'installer partout, établir des liens partout

Buržoazie se musí všude uhnízdit, všude se usadit, všude navázat styky

La bourgeoisie doit créer des marchés dans tous les coins du monde pour exploiter

Buržoazie musí vytvořit trhy ve všech koutech světa, aby je mohla využívat

La production et la consommation dans tous les pays ont reçu un caractère cosmopolite

Výroba a spotřeba v každé zemi dostaly kosmopolitní charakter

le chagrin des réactionnaires est palpable, mais il s'est poursuivi malgré tout

rozhořčení reakcionářů je hmatatelné, ale bez ohledu na to pokračovalo

La bourgeoisie a tiré de dessous les pieds de l'industrie le terrain national sur lequel elle se trouvait

Buržoazie vytáhla zpod nohou průmyslu národní půdu, na níž stála

Toutes les anciennes industries nationales ont été détruites, ou sont détruites chaque jour

Všechna stará zavedená národní průmyslová odvětví byla zničena nebo jsou denně ničena

Toutes les anciennes industries nationales sont délogées par de nouvelles industries

Všechna stará zavedená národní průmyslová odvětví jsou vytlačována novými průmyslovými odvětvími

Leur introduction devient une question de vie ou de mort pour toutes les nations civilisées

Jejich zavedení se stává otázkou života a smrti pro všechny civilizované národy

Ils sont délogés par les industries qui ne travaillent plus la matière première indigène

Jsou vytlačovány průmyslovými odvětvími, která již nezpracovávají domácí suroviny

Au lieu de cela, ces industries extraient des matières premières des zones les plus reculées

Místo toho tato průmyslová odvětví čerpají suroviny z nejodlehlejších zón

dont les produits sont consommés, non seulement chez nous, mais dans tous les coins du monde

průmysl, jehož výrobky jsou spotřebovávány nejen doma, ale ve všech částech zeměkoule

À la place des anciens besoins, satisfaits par les productions du pays, nous trouvons de nouveaux besoins

Namísto starých potřeb, které jsou uspokojeny produkcí země, nacházíme potřeby nové

Ces nouveaux besoins exigent pour leur satisfaction les produits des pays et des climats lointains

Tyto nové potřeby vyžadují ke svému uspokojení produkty vzdálených zemí a podnebí

À la place de l'ancien isolement et de l'autosuffisance locaux et nationaux, nous avons le commerce

Na místo staré lokální a národní odloučenosti a soběstačnosti tu máme obchod

les échanges internationaux dans toutes les directions ; l'interdépendance universelle des nations

mezinárodní výměna ve všech směrech; všeobecná vzájemná závislost národů

Et de même que nous sommes dépendants des matériaux, nous sommes dépendants de la production intellectuelle

A stejně jako jsme závislí na materiálech, jsme závislí na intelektuální produkci

Les créations intellectuelles des nations individuelles deviennent la propriété commune

Duševní výtvory jednotlivých národů se stávají společným vlastnictvím

L'unilatéralité nationale et l'étroitesse d'esprit deviennent de plus en plus impossibles

Národní jednostrannost a omezenost se stávají stále více nemožnými

et des nombreuses littératures nationales et locales, surgit une littérature mondiale

a z četných národních a místních literatur vzniká literatura světová

par l'amélioration rapide de tous les instruments de production
rychlým zdokonalováním všech výrobních nástrojů
par les moyens de communication immensément facilités
nesmírně usnadněnými komunikačními prostředky
La bourgeoisie entraîne tout le monde (même les nations les plus barbares) dans la civilisation
Buržoazie vtahuje do civilizace všechny (i ty nejbarbarštější národy)
Les prix bon marché de ses marchandises ; l'artillerie lourde qui abat toutes les murailles chinoises
Nízké ceny jejích komodit; těžké dělostřelectvo, které boří všechny čínské hradby
La haine obstinée des barbares contre les étrangers est forcée de capituler
Silně tvrdošíjná nenávist barbarů k cizincům je nucena kapitulovat
Elle oblige toutes les nations, sous peine d'extinction, à adopter le mode de production bourgeois
Nutí všechny národy, aby pod hrozbou zániku přijaly buržoazní výrobní způsob
elle les oblige à introduire ce qu'elle appelle la civilisation en leur sein
nutí je, aby do svého středu zavedli to, co nazývá civilizací
La bourgeoisie force les barbares à devenir eux-mêmes bourgeois
Buržoazie nutí barbary, aby se sami stali buržoazií
en un mot, la bourgeoisie crée un monde à son image
jedním slovem, buržoazie si vytváří svět k obrazu svému
La bourgeoisie a soumis les campagnes à la domination des villes
Buržoazie podřídila venkov panství měst
Il a créé d'énormes villes et considérablement augmenté la population urbaine
Vytvořila obrovská města a výrazně zvýšila městskou populaci

Il a sauvé une partie considérable de la population de l'idiotie de la vie rurale

zachránila značnou část obyvatelstva před idiocií venkovského života

mais elle a rendu les ruraux dépendants des villes

ale učinila lidi na venkově závislými na městech

et de même, elle a rendu les pays barbares dépendants des pays civilisés

a stejně tak učinila barbarské země závislými na zemích civilizovaných

nations paysannes sur nations bourgeoises, l'Orient sur Occident

národy rolníků proti národům buržoazie, Východ proti Západu

La bourgeoisie se débarrasse de plus en plus de l'éparpillement de la population

Buržoazie stále více odstraňuje roztříštěnost obyvatelstva

Il a une production agglomérée et a concentré la propriété entre quelques mains

Má aglomerovanou výrobu a soustředí majetek v několika málo rukou

La conséquence nécessaire de cela a été la centralisation politique

Nutným důsledkem toho byla politická centralizace

Il y avait eu des nations indépendantes et des provinces vaguement reliées entre elles

existovaly nezávislé národy a volně propojené provincie

Ils avaient des intérêts, des lois, des gouvernements et des systèmes d'imposition distincts

Měli odlišné zájmy, zákony, vlády a daňové systémy

Mais ils ont été regroupés en une seule nation, avec un seul gouvernement

Ale byli hozeni do jednoho pytle do jednoho národa s jednou vládou

Ils ont maintenant un intérêt de classe national, une frontière et un tarif douanier

Mají nyní jeden národní třídní zájem, jednu hranici a jeden celní tarif

Et cet intérêt de classe national est unifié sous un seul code de loi

a tento národní třídní zájem je sjednocen v jednom zákoníku

la bourgeoisie a accompli beaucoup de choses au cours de son règne d'à peine cent ans

buržoazie dosáhla za své panství trvající sotva sto let mnohého

forces productives plus massives et plus colossales que toutes les générations précédentes réunies

masivnější a kolosálnější výrobní síly, než měly všechny předchozí generace dohromady

Les forces de la nature sont soumises à la volonté de l'homme et de ses machines

Síly přírody jsou podřízeny vůli člověka a jeho strojů

La chimie s'applique à toutes les formes d'industrie et à tous les types d'agriculture

chemie se uplatňuje ve všech formách průmyslu a druzích zemědělství

la navigation à vapeur, les chemins de fer, les télégraphes électriques et l'imprimerie

paroplavba, železnice, elektrický telegraf a tiskařský lis

défrichement de continents entiers pour la culture, canalisation des rivières

mýcení celých kontinentů pro obdělávání, splavňování řek

Des populations entières ont été extirpées du sol et mises au travail

Celé populace byly vyrvány ze země a dány do práce

Quel siècle précédent avait ne serait-ce qu'un pressentiment de ce qui pourrait être déchaîné ?

V jakém dřívějším století byla jen předtucha toho, co by mohlo být rozpoutáno?

Qui aurait prédit que de telles forces productives sommeillaient dans le giron du travail social ?

Kdo předpověděl, že takové výrobní síly dřímají v klíně společenské práce?

Nous voyons donc que les moyens de production et d'échange ont été générés dans la société féodale

Vidíme tedy, že výrobní a směnné prostředky byly vytvořeny ve feudální společnosti

les moyens de production sur la base desquels la bourgeoisie s'est construite

výrobních prostředků, na jejichž základech se buržoazie vybudovala

À un certain stade du développement de ces moyens de production et d'échange

Na určitém stupni vývoje těchto výrobních a směnných prostředků

les conditions dans lesquelles la société féodale produisait et échangeait

podmínky, za nichž feudální společnost vyráběla a směňovala

L'organisation féodale de l'agriculture et de l'industrie manufacturière

feudální organizace zemědělství a manufakturního průmyslu

Les rapports féodaux de propriété n'étaient plus compatibles avec les conditions matérielles

feudální vlastnické vztahy již nebyly slučitelné s materiálními podmínkami

Ils devaient être brisés, alors ils ont été brisés

Musely být roztrhány vedví, takže byly roztrhány vedví

À leur place s'est ajoutée la libre concurrence des forces productives

Na jejich místo nastoupila volná konkurence výrobních sil

et ils étaient accompagnés d'une constitution sociale et politique adaptée à celle-ci

a byly doprovázeny společenským a politickým zřízením, které mu bylo přizpůsobeno

et elle s'accompagnait de l'emprise économique et politique de la classe bourgeoise

a byla doprovázena ekonomickým a politickým panstvím buržoazní třídy

Un mouvement similaire est en train de se produire sous nos yeux

Podobný pohyb se odehrává před našima vlastníma očima

La société bourgeoise moderne avec ses rapports de production, d'échange et de propriété

Moderní buržoazní společnost se svými výrobními vztahy, směnnými a vlastnickými vztahy

une société qui a inventé des moyens de production et d'échange aussi gigantesques

Společnost, která vykouzlila tak gigantické výrobní a směnné prostředky

C'est comme le sorcier qui a invoqué les puissances de l'au-delà

Je to jako s čarodějem, který vyvolal síly podsvětí

Mais il n'est plus capable de contrôler ce qu'il a mis au monde

On však již není schopen ovládat to, co přinesl na svět

Pendant de nombreuses décennies, l'histoire a été liée par un fil conducteur

Po mnoho desetiletí byly minulé dějiny svázány společnou nití

L'histoire de l'industrie et du commerce n'a été que l'histoire des révoltes

Dějiny průmyslu a obchodu nebyly ničím jiným než dějinami vzpour

Les révoltes des forces productives modernes contre les conditions modernes de production

Vzpoury moderních výrobních sil proti moderním výrobním podmínkám

Les révoltes des forces productives modernes contre les rapports de propriété

Vzpoury moderních výrobních sil proti vlastnickým vztahům

ces rapports de propriété sont les conditions de l'existence de la bourgeoisie

tyto vlastnické vztahy jsou podmínkami existence buržoazie

et l'existence de la bourgeoisie détermine les règles des rapports de propriété

a existence buržoazie určuje pravidla vlastnických vztahů

Il suffit de mentionner le retour périodique des crises commerciales

Stačí se zmínit o periodickém návratu obchodních krizí

chaque crise commerciale est plus menaçante pour la société bourgeoise que la précédente

každá obchodní krize ohrožuje buržoazní společnost více než ta předchozí

Dans ces crises, une grande partie des produits existants sont détruits

V těchto krizích je zničena velká část stávajících produktů

Mais ces crises détruisent aussi les forces productives créées précédemment

Tyto krize však také ničí dříve vytvořené výrobní síly

Dans toutes les époques antérieures, ces épidémies auraient semblé une absurdité

Ve všech dřívějších dobách by se tyto epidemie zdály být absurditou

parce que ces épidémies sont les crises commerciales de la surproduction

neboť tyto epidemie jsou obchodními krizemi z nadvýroby

La société se trouve soudain remise dans un état de barbarie momentanée

Společnost se náhle ocitá zpět ve stavu momentálního barbarství

comme si une guerre universelle de dévastation avait coupé tous les moyens de subsistance

jako by všeobecná ničivá válka odřízla všechny prostředky k obživě

l'industrie et le commerce semblent avoir été détruits ; Et pourquoi ?

průmysl a obchod se zdají být zničeny; A proč?

Parce qu'il y a trop de civilisation et de moyens de subsistance

Protože je příliš mnoho civilizace a prostředků k obživě
et parce qu'il y a trop d'industrie et trop de commerce
a protože je příliš mnoho průmyslu a příliš mnoho obchodu
Les forces productives à la disposition de la société ne
développent plus la propriété bourgeoise
Výrobní síly, které má společnost k dispozici, již nerozvíjejí
buržoazní vlastnictví
au contraire, ils sont devenus trop puissants pour ces
conditions, par lesquelles ils sont enchaînés
naopak, stali se příliš mocnými pro tyto poměry, kterými jsou
spoutáni
dès qu'ils surmontent ces entraves, ils mettent le désordre
dans toute la société bourgeoise
jakmile tyto okovy překročí, vnášejí nepořádek do celé
buržoazní společnosti
et les forces productives mettent en danger l'existence de la
propriété bourgeoise
a výrobní síly ohrožují existenci buržoazního vlastnictví
Les conditions de la société bourgeoise sont trop étroites
pour englober les richesses qu'elles créent
Podmínky buržoazní společnosti jsou příliš úzké, než aby
obsáhly bohatství, které vytvořila.
Et comment la bourgeoisie surmonte-t-elle ces crises ?
A jak se buržoazie dostane z těchto krizí?
D'une part, elle surmonte ces crises par la destruction forcée
d'une masse de forces productives
Na jedné straně tyto krize překonává násilným ničením masy
výrobních sil
D'autre part, elle surmonte ces crises par la conquête de
nouveaux marchés
Na druhé straně překonává tyto krize dobýváním nových trhů
et elle surmonte ces crises par l'exploitation plus poussée
des anciennes forces productives
a tyto krize překonává důkladnějším využíváním starých
výrobních sil

C'est-à-dire en ouvrant la voie à des crises plus étendues et plus destructrices

To znamená tím, že vydláždí cestu rozsáhlejším a ničivějším krizím

elle surmonte la crise en diminuant les moyens de prévention des crises

překonává krizi tím, že oslabuje prostředky, jimiž lze krizím předcházet

Les armes avec lesquelles la bourgeoisie a abattu le féodalisme sont maintenant retournées contre elle-même

Zbraně, kterými buržoazie srazila feudalismus k zemi, se nyní obrací proti ní samé

Mais non seulement la bourgeoisie a-t-elle forgé les armes qui lui apportent la mort

Ale buržoazie nejen ukovala zbraně, které jí přinášejí smrt

Il a également appelé à l'existence les hommes qui doivent manier ces armes

Také povolala k životu muže, kteří mají tyto zbraně nosit

Et ces hommes sont la classe ouvrière moderne ; Ce sont les prolétaires

a tito lidé jsou moderní dělnickou třídou; Jsou to proletáři

À mesure que la bourgeoisie se développe, le prolétariat se développe dans la même proportion

Tou měrou, jak se rozvíjí buržoazie, tou měrou se rozvíjí i proletariát

La classe ouvrière moderne a développé une classe d'ouvriers

Moderní dělnická třída vytvořila třídu dělníků

Cette classe d'ouvriers ne vit que tant qu'elle trouve du travail

Tato třída dělníků žije jen tak dlouho, dokud najde práci

et ils ne trouvent de travail qu'aussi longtemps que leur travail augmente le capital

a práci nacházejí jen tak dlouho, dokud jejich práce rozmnožuje kapitál

Ces ouvriers, qui doivent se vendre à la pièce, sont une marchandise

Tito dělníci, kteří se musí prodávat po částech, jsou zbožím

Ces ouvriers sont comme tous les autres articles de commerce

Tito dělníci jsou jako každý jiný obchodní artikl

et, par conséquent, ils sont exposés à toutes les vicissitudes de la concurrence

a proto jsou vystaveni všem překážkám konkurence

Ils doivent faire face à toutes les fluctuations du marché

Musí přečkat všechny výkyvy trhu

En raison de l'utilisation intensive des machines et de la division du travail

Vzhledem k rozsáhlému používání strojů a dělbě práce

Le travail des prolétaires a perdu tout caractère individuel

Práce proletářů ztratila veškerý individuální charakter

et, par conséquent, le travail des prolétaires a perdu tout charme pour l'ouvrier

a v důsledku toho ztratila práce proletářů pro dělníka veškeré kouzlo

Il devient un appendice de la machine, plutôt que l'homme qu'il était autrefois

Stává se přívěskem stroje, spíše než člověkem, kterým kdysi byl

On n'exige de lui que l'habileté la plus simple, la plus monotone et la plus facile à acquérir

Vyžaduje se od něj jen ta nejprostší, jednotvárná a nejsnáze nabytá dovednost

Par conséquent, le coût de production d'un ouvrier est limité

Výrobní náklady dělníka jsou tedy omezeny

elle se limite presque entièrement aux moyens de subsistance dont il a besoin pour son entretien

je omezena téměř výhradně na prostředky k obživě, které potřebuje ke své obživě

et elle est limitée aux moyens de subsistance dont il a besoin pour la propagation de sa race

a je omezena na prostředky k obživě, které potřebuje k rozmnožení své rasy

Mais le prix d'une marchandise, et par conséquent aussi du travail, est égal à son coût de production

Ale cena zboží, a tedy i cena práce, se rovná jeho výrobním nákladům

C'est pourquoi, à mesure que le travail répugnant augmente, le salaire diminue

Tou měrou, jak vzrůstá odpudivost práce, klesá tedy i mzda

Bien plus, le caractère répugnant de son travail augmente à un rythme encore plus grand

Ba naopak, odpudivost jeho práce stoupá ještě více

À mesure que l'utilisation des machines et la division du travail augmentent, le fardeau du labeur augmente également

S tím, jak se zvyšuje používání strojů a dělba práce, vzrůstá i břemeno dřiny

La charge de travail est augmentée par la prolongation du temps de travail

Břemeno dřiny se zvyšuje prodlužováním pracovní doby

On attend plus de l'ouvrier dans le même temps qu'auparavant

Od dělníka se očekává více ve stejné době jako dříve

Et bien sûr, le poids du labeur est augmenté par la vitesse de la machine

a samozřejmě, že břemeno dřiny se zvyšuje s rychlostí strojů

L'industrie moderne a transformé le petit atelier du maître patriarcal en la grande usine du capitaliste industriel

Velký průmysl přeměnil malou dílnu patriarchálního mistra ve velkou továrnu průmyslového kapitalisty

Des masses d'ouvriers, entassés dans l'usine, s'organisent comme des soldats

Masy dělníků, namačkaných v továrně, jsou organizovány jako vojáci

En tant que simples soldats de l'armée industrielle, ils sont placés sous le commandement d'une hiérarchie parfaite d'officiers et de sergents

Jako vojíni průmyslové armády jsou postaveni pod velení dokonalé hierarchie důstojníků a seržantů

ils ne sont pas seulement les esclaves de la classe bourgeoise et de l'État

nejsou to jen otroci buržoazní třídy a státu

Mais ils sont aussi asservis quotidiennement et d'heure en heure par la machine

ale jsou také denně a každou hodinu zotročováni strojem

ils sont asservis par le surveillant, et surtout par le fabricant bourgeois lui-même

jsou zotročeni dohlížejícím a především samotným jednotlivým buržoazním továrníkem

Plus ce despotisme proclame ouvertement que le gain est sa fin et son but, plus il est mesquin, plus haïssable et plus aigri

Čím otevřeněji tento despotismus prohlašuje zisk za svůj cíl a cíl, tím je malichernější, nenávistnější a trpčí

Plus l'industrie moderne se développe, moins les différences entre les sexes sont grandes

Čím více se moderní průmysl vyvíjí, tím menší jsou rozdíly mezi pohlavími

Moins le travail manuel exige d'habileté et d'effort de force, plus le travail des hommes est supplanté par celui des femmes

Čím méně zručnosti a námahy síly je v manuální práci obsaženo, tím více je práce mužů nahrazována prací žen

Les différences d'âge et de sexe n'ont plus de validité sociale distincte pour la classe ouvrière

Rozdíly ve věku a pohlaví již nemají pro dělnickou třídu žádnou výraznou sociální platnost

Tous sont des instruments de travail, plus ou moins coûteux à utiliser, selon leur âge et leur sexe

Všechny jsou to pracovní prostředky, jejichž použití je více či méně nákladné, v závislosti na jejich věku a pohlaví

dès que l'ouvrier reçoit son salaire en espèces, il est attaqué par les autres parties de la bourgeoisie

jakmile dělník dostane svou mzdu v hotovosti, pak se na něj vrhnou ostatní části buržoazie

le propriétaire, le commerçant, le prêteur sur gages, etc

statkář, kramář, zastavárník atd.

Les couches inférieures de la classe moyenne ; les petits commerçants et les commerçants

Nižší vrstvy střední třídy; drobní živnostníci a kramáři

les commerçants retraités en général, et les artisans et les paysans

vůbec pro vysloužilé řemeslníky, pro domácké výrobce a rolníky

tout cela s'enfonce peu à peu dans le prolétariat

to vše se postupně noří do proletariátu

en partie parce que leur petit capital ne suffit pas à l'échelle sur laquelle l'industrie moderne est exercée

zčásti proto, že jejich nepatrný kapitál nestačí na rozsah, v němž se provozuje velký průmysl

et parce qu'elle est submergée par la concurrence avec les grands capitalistes

a protože je zavalena konkurencí s velkými kapitalisty

en partie parce que leur savoir-faire spécialisé est rendu sans valeur par les nouvelles méthodes de production

částečně proto, že jejich specializovaná dovednost se novými výrobními metodami stává bezcennou

Ainsi le prolétariat se recrute dans toutes les classes de la population

Tak se proletariát rekrutuje ze všech tříd obyvatelstva

Le prolétariat passe par différents stades de développement

Proletariát prochází různými stupni vývoje

Avec sa naissance commence sa lutte contre la bourgeoisie

S jejím zrodem začíná její boj s buržoazií

Dans un premier temps, la lutte est menée par des ouvriers individuels

Zpočátku je soutěž vedena jednotlivými dělníky

Ensuite, le concours est mené par les ouvriers d'une usine

pak v soutěži pokračují dělníci z továrny

Ensuite, la lutte est menée par les agents d'un métier, dans une localité

pak je soutěž vedena dělníky jednoho řemesla na jednom místě

et la lutte est alors contre la bourgeoisie individuelle qui les exploite directement

a pak se bojuje proti jednotlivé buržoazii, která je přímo vykořisťuje

Ils ne dirigent pas leurs attaques contre les conditions de production de la bourgeoisie

Své útoky nezaměřují na buržoazní výrobní podmínky

mais ils dirigent leur attaque contre les instruments de production eux-mêmes

Svůj útok však zaměřují proti samotným výrobním nástrojům

Ils détruisent les marchandises importées qui font concurrence à leur main-d'œuvre

Ničí dovážené zboží, které konkuruje jejich pracovní síle

Ils brisent les machines et mettent le feu aux usines

Rozbíjejí stroje na kusy a zapalují továrny

ils cherchent à restaurer par la force le statut disparu de l'ouvrier du Moyen Âge

snaží se násilím obnovit zaniklé postavení středověkého dělníka

À ce stade, les ouvriers forment encore une masse incohérente dispersée dans tout le pays

Na tomto stupni tvoří dělníci ještě nesourodou masu, roztroušenou po celé zemi

et ils sont brisés par leur concurrence mutuelle

a jsou rozbiti vzájemnou konkurencí

S'ils s'unissent quelque part pour former des corps plus compacts, ce n'est pas encore la conséquence de leur propre union active

Spojí-li se někde v kompaktnější tělesa, není to ještě důsledek jejich vlastního činného spojení

mais c'est une conséquence de l'union de la bourgeoisie, d'atteindre ses propres fins politiques

ale je to důsledek sjednocení buržoazie, aby dosáhla svých vlastních politických cílů

la bourgeoisie est obligée de mettre en mouvement tout le prolétariat

buržoazie je nucena uvést do pohybu celý proletariát

et d'ailleurs, pour un temps, la bourgeoisie est capable de le faire

a kromě toho je toho buržoazie prozatím schopna

À ce stade, les prolétaires ne combattent donc pas leurs ennemis

V této fázi tedy proletáři nebojují proti svým nepřátelům

mais au lieu de cela, ils combattent les ennemis de leurs ennemis

ale místo toho bojují proti nepřátelům svých nepřátel

La lutte contre les vestiges de la monarchie absolue et les propriétaires terriens

boj proti zbytkům absolutní monarchie a statkářům

ils combattent la bourgeoisie non industrielle ; la petite bourgeoisie

bojují proti neprůmyslové buržoazii; maloburžoazie

Ainsi tout le mouvement historique est concentré entre les mains de la bourgeoisie

Tak je celý historický pohyb soustředěn v rukou buržoazie

chaque victoire ainsi obtenue est une victoire pour la bourgeoisie

každé takto získané vítězství je vítězstvím buržoazie

Mais avec le développement de l'industrie, le prolétariat ne se contente pas d'augmenter en nombre

Ale s rozvojem průmyslu proletariát nejen vzrůstá co do počtu

le prolétariat se concentre en masses plus grandes et sa force s'accroît

proletariát se koncentruje ve větších masách a jeho síla roste

et le prolétariat ressent de plus en plus cette force

a proletariát pociťuje tuto sílu stále více a více

Les divers intérêts et conditions de vie dans les rangs du prolétariat sont de plus en plus égalisés

Různé zájmy a životní podmínky v řadách proletariátu se stále více vyrovnávají

elles deviennent plus proportionnelles à mesure que les machines effacent toutes les distinctions de travail

stávají se tím měrnějšími, jak stroje stírají všechny rozdíly v práci

et les machines réduisent presque partout les salaires au même bas niveau

a stroje téměř všude snižují mzdu na stejně nízkou úroveň

La concurrence croissante entre la bourgeoisie et les crises commerciales qui en résultent rendent les salaires des ouvriers de plus en plus fluctuants

Vzrůstající konkurence mezi buržoazií a z ní vyplývající obchodní krize způsobují, že mzdy dělníků stále více kolísají

L'amélioration incessante des machines, qui se développe de plus en plus rapidement, rend leurs moyens d'existence de plus en plus précaires

Neustálé zdokonalování strojů, které se stále rychleji rozvíjí, činí jejich živobytí stále nejistějším

les collisions entre les ouvriers individuels et la bourgeoisie individuelle prennent de plus en plus le caractère de collisions entre deux classes

srážky mezi jednotlivými dělníky a jednotlivou buržoazií nabývají stále více charakteru srážek mezi dvěma třídami

Là-dessus, les ouvriers commencent à former des associations (syndicats) contre la bourgeoisie

Nato dělníci začínají vytvářet spolčení (odbory) proti buržoazii

Ils s'associent pour maintenir le taux des salaires

sdružují se, aby udrželi mzdu na vzestupu

Ils fondèrent des associations permanentes afin de pourvoir à l'avance à ces révoltes occasionnelles

Založili stálé spolky, aby se předem připravili na tyto občasné vzpoury

Ici et là, la lutte éclate en émeutes

Tu a tam propukne soutěž v nepokoje

De temps en temps, les ouvriers sont victorieux, mais seulement pour un temps

Tu a tam zvítězí dělníci, ale jen na čas

Le vrai fruit de leurs luttes n'est pas dans le résultat immédiat, mais dans l'union toujours plus grande des travailleurs

Skutečné plody jejich bojů nespočívají v bezprostředním výsledku, nýbrž ve stále se rozšiřujícím svazku dělníků

Cette union est favorisée par les moyens de communication améliorés créés par l'industrie moderne

Tomuto spojení napomáhají zdokonalené komunikační prostředky, které vytváří moderní průmysl

La communication moderne met en contact les travailleurs de différentes localités les uns avec les autres

moderní komunikace umožňuje pracovníkům z různých lokalit vzájemný kontakt

C'était précisément ce contact qui était nécessaire pour centraliser les nombreuses luttes locales en une lutte nationale entre les classes

A právě tohoto kontaktu bylo zapotřebí k tomu, aby se četné místní boje soustředily do jednoho národního boje mezi třídami

Toutes ces luttes sont du même caractère, et toute lutte de classe est une lutte politique

Všechny tyto boje mají týž charakter a každý třídní boj je bojem politickým

les bourgeois du moyen âge, avec leurs misérables routes, mettaient des siècles à former leurs syndicats

středověkým měšťanům s jejich bídnými cestami trvalo staletí, než utvořili své svazky

Les prolétaires modernes, grâce aux chemins de fer, réalisent leurs syndicats en quelques années

Moderní proletáři díky železnicím dosáhnou svých odborů během několika let

Cette organisation des prolétaires en classe les a donc formés en parti politique

Tato organizace proletářů ve třídu z nich následně zformovala politickou stranu

La classe politique est continuellement bouleversée par la concurrence entre les travailleurs eux-mêmes

Politická třída je neustále znovu rozrušována konkurencí mezi samotnými dělníky

Mais la classe politique continue de se soulever, plus forte, plus ferme, plus puissante

Politická třída však opět povstává, silnější, pevnější a mocnější

Elle oblige la législation à reconnaître les intérêts particuliers des travailleurs

Vyžaduje legislativní uznání partikulárních zájmů pracujících

il le fait en profitant des divisions au sein de la bourgeoisie elle-même

dělá to tak, že využívá rozdílů mezi samotnou buržoazií

C'est ainsi qu'en Angleterre fut promulguée la loi sur les dix heures

Tak byl v Anglii uzákoněn zákon o desetihodinové pracovní době

à bien des égards, les collisions entre les classes de l'ancienne société sont en outre le cours du développement du prolétariat

v mnoha ohledech jsou srážky mezi třídami staré společnosti dalším směrem vývoje proletariátu

La bourgeoisie se trouve engagée dans une bataille de tous les instants

Buržoazie se ocitá v neustálém boji

Dans un premier temps, il se trouvera impliqué dans une bataille constante avec l'aristocratie

Zpočátku se ocitne v neustálém boji s aristokracií

plus tard, elle se trouvera engagée dans une lutte constante avec ces parties de la bourgeoisie elle-même

později se ocitne v neustálém boji s těmi částmi buržoazie samotné

et leurs intérêts seront devenus antagonistes au progrès de l'industrie

a jejich zájmy se stanou protichůdnými pokroku průmyslu

à tout moment, leurs intérêts seront devenus antagonistes avec la bourgeoisie des pays étrangers

jejich zájmy se budou vždy stavět do rozporu s buržoazií cizích zemí

Dans toutes ces batailles, elle se voit obligée de faire appel au prolétariat et lui demande son aide

Ve všech těchto bojích se cítí být nucena obracet se na proletariát a žádá ho o pomoc

Et ainsi, il se sentira obligé de l'entraîner dans l'arène politique

a tak se bude cítit nucen zatáhnout ji do politické arény

C'est pourquoi la bourgeoisie elle-même fournit au prolétariat ses propres instruments d'éducation politique et générale

Buržoazie sama proto dodává proletariátu své vlastní nástroje politického a všeobecného vzdělání

c'est-à-dire qu'il fournit au prolétariat des armes pour combattre la bourgeoisie

jinými slovy, vybavuje proletariát zbraněmi k boji proti buržoazii

De plus, comme nous l'avons déjà vu, des sections entières des classes dominantes sont précipitées dans le prolétariat

Dále, jak jsme již viděli, jsou celé vrstvy vládnoucích tříd vrženy do proletariátu

le progrès de l'industrie les aspire dans le prolétariat

pokrok průmyslu je vtahuje do proletariátu

ou, du moins, ils sont menacés dans leurs conditions d'existence

nebo jsou alespoň ohroženi ve svých existenčních podmínkách

Ceux-ci fournissent également au prolétariat de nouveaux éléments d'illumination et de progrès

Ty také dodávají proletariátu nové prvky osvícení a pokroku

Enfin, à l'approche de l'heure décisive de la lutte des classes

A konečně v dobách, kdy se třídní boj blíží k rozhodující hodině

le processus de dissolution en cours au sein de la classe dirigeante

proces rozkladu probíhající uvnitř vládnoucí třídy

En fait, la dissolution en cours au sein de la classe dirigeante se fera sentir dans toute la société

Ve skutečnosti rozklad, který probíhá uvnitř vládnoucí třídy, bude pociťován v celé škále společnosti

Il prendra un caractère si violent et si flagrant qu'une petite partie de la classe dirigeante se laissera aller à la dérive

Nabude tak násilného, do očí bijícího charakteru, že malá část vládnoucí třídy se odřízne od moře

et que la classe dirigeante rejoindra la classe révolutionnaire

a že vládnoucí třída se připojí k revoluční třídě

La classe révolutionnaire étant la classe qui tient l'avenir entre ses mains

Revoluční třída je třídou, která drží budoucnost ve svých rukou

Comme à une époque antérieure, une partie de la noblesse passa dans la bourgeoisie

Tak jako v dřívějších dobách přešla část šlechty k buržoazii

de la même manière qu'une partie de la bourgeoisie passera au prolétariat

stejně tak část buržoazie přejde k proletariátu

en particulier, une partie de la bourgeoisie passera à une partie des idéologues de la bourgeoisie

zejména část buržoazie přejde k části buržoazních ideologů

Des idéologues bourgeois qui se sont élevés au niveau de la compréhension théorique du mouvement historique dans son ensemble

Buržoazní ideologové, kteří se povznesli na úroveň teoretického chápání historického hnutí jako celku

De toutes les classes qui se trouvent aujourd'hui en face de la bourgeoisie, seule le prolétariat est une classe vraiment révolutionnaire

Ze všech tříd, které dnes stojí proti buržoazii, je jedině proletariát skutečně revoluční třídou

Les autres classes se dégradent et finissent par disparaître devant l'industrie moderne

Ostatní třídy upadají a nakonec mizí před velkým průmyslem

le prolétariat est son produit spécial et essentiel

proletariát je jeho zvláštním a podstatným produktem

La petite bourgeoisie, le petit industriel, le commerçant, l'artisan, le paysan

Nižší střední třída, drobný továrník, kramář, řemeslník, rolník

toutes ces luttes contre la bourgeoisie

všechny tyto boje proti buržoazii

Ils se battent en tant que fractions de la classe moyenne pour se sauver de l'extinction

Bojují jako frakce střední třídy, aby se zachránili před vyhynutím

Ils ne sont donc pas révolutionnaires, mais conservateurs

Nejsou tedy revoluční, ale konzervativní

Bien plus, ils sont réactionnaires, car ils essaient de faire reculer la roue de l'histoire

Ba co víc, jsou reakcionáři, protože se snaží vrátit kolo dějin zpět

Si par hasard ils sont révolutionnaires, ils ne le sont qu'en vue de leur transfert imminent dans le prolétariat

Jsou-li revoluční náhodou, jsou revoluční jen s ohledem na svůj blížící se přechod do proletariátu

Ils défendent ainsi non pas leurs intérêts présents, mais leurs intérêts futurs

Nehájí tak své nynější, nýbrž budoucí zájmy
**ils désertent leur propre point de vue pour se placer à celui
du prolétariat**
opouštějí své vlastní stanovisko, aby se postavili na stanovisko
proletariátu
**La « classe dangereuse », la racaille sociale, cette masse en
décomposition passive rejetée par les couches les plus
basses de la vieille société**
"Nebezpečná třída", sociální spodina, ta pasivně hnijící masa
odvržená nejnižšími vrstvami staré společnosti
**Ils peuvent, ici et là, être entraînés dans le mouvement par
une révolution prolétarienne**
Tu a tam mohou být vtaženi do hnutí proletářskou revolucí
**Ses conditions de vie, cependant, le préparent beaucoup
plus au rôle d'instrument soudoyé de l'intrigue
réactionnaire**
Jeho životní podmínky jej však mnohem více připravují k
úplatku jako podplacený nástroj reakčních intrik
**Dans les conditions du prolétariat, ceux de l'ancienne société
dans son ensemble sont déjà virtuellement submergés**
V podmínkách proletariátu jsou lidé staré společnosti jako
celku již prakticky zaplaveni
Le prolétaire est sans propriété
Proletář je bez majetku
**ses rapports avec sa femme et ses enfants n'ont plus rien de
commun avec les relations familiales de la bourgeoisie**
jeho vztah k ženě a dětem už nemá nic společného s
rodinnými vztahy buržoazie
**le travail industriel moderne, la sujétion moderne au capital,
la même en Angleterre qu'en France, en Amérique comme
en Allemagne**
moderní průmyslová práce, moderní podřízenost kapitálu,
stejná v Anglii jako ve Francii, v Americe jako v Německu
**Sa condition dans la société l'a dépouillé de toute trace de
caractère national**

Jeho postavení ve společnosti ho zbavilo všech stop národního charakteru

La loi, la morale, la religion, sont pour lui autant de préjugés bourgeois

Zákon, morálka, náboženství jsou pro něj tolik buržoazních předsudků

et derrière ces préjugés se cachent en embuscade autant d'intérêts bourgeois

a za těmito předsudky číhá v záloze právě tolik buržoazních zájmů

Toutes les classes précédentes, qui ont pris le dessus, ont cherché à fortifier leur statut déjà acquis

Všechny předchozí třídy, které získaly převahu, se snažily upevnit své již nabyté postavení

Ils l'ont fait en soumettant la société dans son ensemble à leurs conditions d'appropriation

Činili tak tím, že společnost jako celek podřizovali svým podmínkám přivlastňování

Les prolétaires ne peuvent pas devenir maîtres des forces productives de la société

Proletáři se nemohou stát pány výrobních sil společnosti

elle ne peut le faire qu'en abolissant son propre mode d'appropriation antérieur

Toho může dosáhnout pouze tím, že zruší svůj vlastní předchozí způsob přivlastňování

et par là même elle abolit tout autre mode d'appropriation antérieur

a tím také ruší všechny ostatní dosavadní způsoby přivlastňování

Ils n'ont rien à eux pour s'assurer et se fortifier

Nemají nic vlastního, co by mohli zabezpečit a opevnit

Leur mission est de détruire toutes les sûretés antérieures et les assurances de biens individuels

Jejich posláním je zničit všechny předchozí záruky a pojištění individuálního majetku

Tous les mouvements historiques antérieurs étaient des mouvements de minorités

Všechna předchozí historická hnutí byla hnutími menšin

ou bien il s'agissait de mouvements dans l'intérêt des minorités

nebo to byla hnutí v zájmu menšin

Le mouvement prolétarien est le mouvement conscient et indépendant de l'immense majorité

Proletářské hnutí je sebeuvědomělé, samostatné hnutí obrovské většiny

Et c'est un mouvement dans l'intérêt de l'immense majorité

a je to hnutí v zájmu obrovské většiny

Le prolétariat, couche la plus basse de notre société actuelle

Proletariát, nejnižší vrstva naší nynější společnosti

elle ne peut ni s'agiter ni s'élever sans que toutes les couches supérieures de la société officielle ne soient soulevées en l'air

nemůže se pohnout ani povznést, aniž by se do povětří nevznesly všechny vládnoucí vrstvy oficiální společnosti

Loin d'être dans le fond, mais dans la forme, la lutte du prolétariat contre la bourgeoisie est d'abord une lutte nationale

Boj proletariátu s buržoazií, i když ne obsahem, přece formou, je zprvu bojem národním

Le prolétariat de chaque pays doit, bien entendu, régler d'abord ses affaires avec sa propre bourgeoisie

Proletariát každé země si ovšem musí nejprve vyřídit věci se svou vlastní buržoazií

En décrivant les phases les plus générales du développement du prolétariat, nous avons retracé la guerre civile plus ou moins voilée

Při líčení nejobecnějších fází vývoje proletariátu jsme sledovali více či méně zastřenou občanskou válku

Ce civil fait rage au sein de la société existante

Toto občanské zuří v nynější společnosti

Elle fera rage jusqu'au point où cette guerre éclatera en révolution ouverte

Bude zuřit až do bodu, kdy válka vypukne v otevřenou revoluci

et alors le renversement violent de la bourgeoisie jette les bases de l'emprise du prolétariat

a pak násilné svržení buržoazie položí základ pro vládu proletariátu

Jusqu'à présent, toute forme de société a été fondée, comme nous l'avons déjà vu, sur l'antagonisme des classes oppressives et opprimées

Až dosud byla, jak jsme již viděli, každá forma společnosti založena na protikladu utlačujících a utlačovaných tříd

Mais pour opprimer une classe, il faut lui assurer certaines conditions

Aby však mohla třída utlačovat, musí jí být zajištěny určité podmínky

La classe doit être maintenue dans des conditions dans lesquelles elle peut, au moins, continuer son existence servile

Třída musí být udržována za podmínek, v nichž může přinejmenším pokračovat ve své otrocké existenci

Le serf, à l'époque du servage, s'élevait lui-même au rang d'adhérent à la commune

Nevolník se v době nevolnictví povýšil na člena komuny

de même que la petite bourgeoisie, sous le joug de l'absolutisme féodal, a réussi à se développer en bourgeoisie

stejně jako se maloburžoazie pod jařmem feudálního absolutismu dokázala vyvinout v buržoazii

L'ouvrier moderne, au contraire, au lieu de s'élever avec les progrès de l'industrie, s'enfonce de plus en plus profondément

Naproti tomu moderní dělník, místo aby stoupal s pokrokem průmyslu, klesá stále hlouběji a hlouběji

il s'enfonce au-dessous des conditions d'existence de sa propre classe

klesá pod existenční podmínky své vlastní třídy

Il devient pauvre, et le paupérisme se développe plus rapidement que la population et la richesse

Stává se žebrákem a pauperismus se rozvíjí rychleji než obyvatelstvo a bohatství

Et c'est là qu'il devient évident que la bourgeoisie n'est plus apte à être la classe dominante dans la société

A zde se ukazuje, že buržoazie už není způsobilá být vládnoucí třídou ve společnosti

et elle n'est pas digne d'imposer ses conditions d'existence à la société comme une loi prépondérante

a není způsobilá vnucovat společnosti své existenční podmínky jako nadřazený zákon

Il est inapte à gouverner parce qu'il est incompétent pour assurer une existence à son esclave dans son esclavage

Je nezpůsobilé vládnout, protože není schopno zajistit svému otroku existenci v jeho otroctví

parce qu'il ne peut s'empêcher de le laisser sombrer dans un tel état, qu'il doit le nourrir, au lieu d'être nourri par lui

neboť ho nemůže nenechat klesnout do takového stavu, že ho musí živit, místo aby jím krmil

La société ne peut plus vivre sous cette bourgeoisie

Pod touto buržoazií již společnost nemůže žít

En d'autres termes, son existence n'est plus compatible avec la société

jinými slovy, jeho existence již není slučitelná se společností

La condition essentielle de l'existence et de l'influence de la classe bourgeoise est la formation et l'accroissement du capital

Podstatnou podmínkou existence a vlády buržoazní třídy je vytváření a rozmnožování kapitálu

La condition du capital, c'est le salariat-travail

Podmínkou kapitálu je námezdní práce

Le travail salarié repose exclusivement sur la concurrence entre les travailleurs

Námezdní práce spočívá výhradně na konkurenci mezi dělníky

Le progrès de l'industrie, dont le promoteur involontaire est la bourgeoisie, remplace l'isolement des ouvriers

Pokrok průmyslu, jehož bezděčným podporovatelem je buržoazie, nahrazuje izolaci dělníků

en raison de la concurrence, en raison de leur combinaison révolutionnaire, en raison de l'association

kvůli soutěži, kvůli jejich revolučnímu spojení, kvůli asociaci

Le développement de l'industrie moderne lui coupe sous les pieds les fondements mêmes sur lesquels la bourgeoisie produit et s'approprie les produits

Rozvoj velkého průmyslu podřezává pod jeho nohama samotné základy, na nichž buržoazie vyrábí a přivlastňuje si výrobky

Ce que la bourgeoisie produit avant tout, ce sont ses propres fossoyeurs

Buržoazie produkuje především své vlastní hrobaře

La chute de la bourgeoisie et la victoire du prolétariat sont également inévitables

Pád buržoazie i vítězství proletariátu jsou stejně nevyhnutelné

Prolétaires et communistes
Proletáři a komunisté

Quel est le rapport des communistes vis-à-vis de l'ensemble des prolétaires ?
V jakém poměru jsou komunisté k proletářům jako celku?

Les communistes ne forment pas un parti séparé opposé aux autres partis de la classe ouvrière
Komunisté netvoří samostatnou stranu, která by stála v opozici k ostatním dělnickým stranám

Ils n'ont pas d'intérêts séparés de ceux du prolétariat dans son ensemble
Nemají žádné zájmy oddělené a oddělené od zájmů proletariátu jako celku

Ils n'établissent pas de principes sectaires qui leur soient propres pour façonner et modeler le mouvement prolétarien
Nestanovují si žádné vlastní sektářské principy, podle kterých by utvářeli a formovali proletářské hnutí

Les communistes ne se distinguent des autres partis ouvriers que par deux choses
Komunisté se od ostatních dělnických stran liší pouze dvěma věcmi

Premièrement, ils signalent et mettent en avant les intérêts communs de l'ensemble du prolétariat, indépendamment de toute nationalité
Za prvé poukazují na společné zájmy celého proletariátu, nezávisle na jakékoli národnosti, a staví je do popředí

C'est ce qu'ils font dans les luttes nationales des prolétaires des différents pays
To dělají v národních bojích proletářů různých zemí

Deuxièmement, ils représentent toujours et partout les intérêts du mouvement dans son ensemble
Za druhé, vždy a všude zastupují zájmy hnutí jako celku

c'est ce qu'ils font dans les différents stades de développement par lesquels doit passer la lutte de la classe ouvrière contre la bourgeoisie

Dělají to na různých stupních vývoje, kterými musí projít boj dělnické třídy proti buržoazii

Les communistes sont donc, d'une part, pratiquement, la section la plus avancée et la plus résolue des partis ouvriers de tous les pays

Komunisté jsou tedy na jedné straně prakticky nejpokrokovější a nejrozhodnější složkou dělnických stran všech zemí

Ils sont cette section de la classe ouvrière qui pousse en avant toutes les autres

Jsou tou částí dělnické třídy, která tlačí vpřed všechny ostatní

Théoriquement, ils ont aussi l'avantage de bien comprendre la ligne de marche

teoreticky mají také tu výhodu, že jasně chápou linii pochodu

C'est ce qu'ils comprennent mieux par rapport à la grande masse du prolétariat

to chápou lépe ve srovnání s velkou masou proletariátu

Ils comprennent les conditions et les résultats généraux ultimes du mouvement prolétarien

Chápou podmínky a konečné celkové výsledky proletářského hnutí

Le but immédiat du Parti communiste est le même que celui de tous les autres partis prolétariens

Bezprostřední cíl komunistů je stejný jako cíl všech ostatních proletářských stran

Leur but est la formation du prolétariat en classe

Jejich cílem je zformování proletariátu v třídu

ils visent à renverser la suprématie de la bourgeoisie

jejich cílem je svrhnout nadvládu buržoazie

la conquête du pouvoir politique par le prolétariat

snaha o dobytí politické moci proletariátem

Les conclusions théoriques des communistes ne sont nullement basées sur des idées ou des principes de réformateurs

Teoretické závěry komunistů se v žádném případě nezakládají na myšlenkách nebo zásadách reformátorů

ce ne sont pas des prétendus réformateurs universels qui ont inventé ou découvert les conclusions théoriques des communistes

nebyli to rádoby univerzální reformátoři, kteří vymysleli nebo objevili teoretické závěry komunistů

Ils ne font qu'exprimer, en termes généraux, des rapports réels qui naissent d'une lutte de classe existante

Vyjadřují jen obecně skutečné vztahy, které vyvěrají z existujícího třídního boje

Et ils décrivent le mouvement historique qui se déroule sous nos yeux et qui a créé cette lutte des classes

a popisují historický pohyb probíhající před našima očima, který vytvořil tento třídní boj

L'abolition des rapports de propriété existants n'est pas du tout un trait distinctif du communisme

Zrušení dosavadních vlastnických vztahů není vůbec charakteristickým rysem komunismu

Dans le passé, toutes les relations de propriété ont été continuellement sujettes à des changements historiques

Všechny majetkové vztahy v minulosti neustále podléhají historickým změnám

et ces changements ont été consécutifs au changement des conditions historiques

a tyto změny byly důsledkem změny historických podmínek

La Révolution française, par exemple, a aboli la propriété féodale au profit de la propriété bourgeoise

Francouzská revoluce například zrušila feudální vlastnictví ve prospěch buržoazního vlastnictví

Le trait distinctif du communisme n'est pas l'abolition de la propriété, en général

Charakteristickým rysem komunismu není zrušení vlastnictví obecně

mais le trait distinctif du communisme, c'est l'abolition de la propriété bourgeoise

ale charakteristickým rysem komunismu je zrušení buržoazního vlastnictví

Mais la propriété privée de la bourgeoisie moderne est l'expression ultime et la plus complète du système de production et d'appropriation des produits

Ale moderní buržoazní soukromé vlastnictví je posledním a nejúplnějším výrazem systému výroby a přivlastňování výrobků

C'est l'état final d'un système basé sur les antagonismes de classe, où l'antagonisme de classe est l'exploitation du plus grand nombre par quelques-uns

Je to konečný stav systému, který je založen na třídních antagonismech, kde třídní antagonismus je vykořisťováním většiny několika málo lidmi

En ce sens, la théorie des communistes peut se résumer en une seule phrase ; l'abolition de la propriété privée

V tomto smyslu lze teorii komunistů shrnout do jediné věty; Zrušení soukromého vlastnictví

On nous a reproché, à nous communistes, de vouloir abolir le droit d'acquérir personnellement des biens

Nám komunistům bylo vyčítáno, že si přejeme zrušit právo na osobní nabývání majetku

On prétend que cette propriété est le fruit du travail de l'homme

Tvrdí se, že tato vlastnost je plodem vlastní práce člověka

et cette propriété est censée être le fondement de toute liberté, de toute activité et de toute indépendance individuelles.

a toto vlastnictví je údajně základem veškeré osobní svobody, aktivity a nezávislosti.

« Propriété durement gagnée, auto-acquise, auto-gagnée ! »

"Těžce vydobytý, samostatný, samostatně vydělaný majetek!"

Voulez-vous dire la propriété du petit artisan et du petit paysan ?

Myslíte vlastnictví drobného řemeslníka a drobného rolníka?

Voulez-vous parler d'une forme de propriété qui a précédé la forme bourgeoise ?

Máte na mysli formu vlastnictví, která předcházela buržoazní formě?

Il n'est pas nécessaire de l'abolir, le développement de l'industrie l'a déjà détruit dans une large mesure

To není třeba rušit, rozvoj průmyslu je již do značné míry zničil

et le développement de l'industrie continue de la détruire chaque jour

a rozvoj průmyslu ji stále denně ničí

Ou voulez-vous parler de la propriété privée de la bourgeoisie moderne ?

Nebo máte na mysli moderní buržoazní soukromé vlastnictví?

Mais le travail salarié crée-t-il une propriété pour l'ouvrier ?

Vytváří však námezdní práce pro dělníka nějaké vlastnictví?

Non, le travail salarié ne crée pas une parcelle de ce genre de propriété !

Ne, námezdní práce nevytváří ani kousek tohoto druhu vlastnictví!

Ce que le travail salarié crée, c'est du capital ; ce genre de propriété qui exploite le travail salarié

to, co námezdní práce vytváří, je kapitál; ten druh vlastnictví, který vykořisťuje námezdní práci

Le capital ne peut s'accroître qu'à la condition d'engendrer une nouvelle offre de travail salarié pour une nouvelle exploitation

Kapitál se může zvětšovat jen za podmínky, že zplodí novou zásobu námezdní práce pro nové vykořisťování

La propriété, dans sa forme actuelle, est fondée sur l'antagonisme du capital et du salariat

Vlastnictví ve své nynější formě se zakládá na protikladu mezi kapitálem a námezdní prací

Examinons les deux côtés de cet antagonisme

Prozkoumejme obě stránky tohoto protikladu

Être capitaliste, ce n'est pas seulement avoir un statut purement personnel

Být kapitalistou neznamená mít jen čistě osobní status

Au contraire, être capitaliste, c'est aussi avoir un statut social dans la production

Být kapitalistou znamená mít také společenské postavení ve výrobě

parce que le capital est un produit collectif ; Ce n'est que par l'action unie de nombreux membres qu'elle peut être mise en branle

protože kapitál je kolektivní produkt; Pouze společnou akcí mnoha členů může být uveden do pohybu

Mais cette action unie n'est qu'un dernier recours, et nécessite en fait tous les membres de la société

Ale tato společná akce je poslední možností a ve skutečnosti vyžaduje všechny členy společnosti

Le capital est converti en propriété de tous les membres de la société

Kapitál se přeměňuje ve vlastnictví všech členů společnosti

mais le Capital n'est donc pas une puissance personnelle ; c'est un pouvoir social

ale kapitál tedy není osobní silou; je to společenská síla

Ainsi, lorsque le capital est converti en propriété sociale, la propriété personnelle n'est pas pour autant transformée en propriété sociale

Když se tedy kapitál přeměňuje ve společenské vlastnictví, nepřeměňuje se tím osobní vlastnictví ve společenské vlastnictví

Ce n'est que le caractère social de la propriété qui est modifié et qui perd son caractère de classe

Mění se jen společenský charakter vlastnictví, který ztrácí svůj třídní charakter

Regardons maintenant le travail salarié

Podívejme se nyní na námezdní práci

Le prix moyen du salariat est le salaire minimum, c'est-à-dire le quantum des moyens de subsistance

Průměrná cena námezdní práce je minimální mzda, tj. množství životních prostředků

Ce salaire est absolument nécessaire dans la simple existence d'un ouvrier

Tato mzda je naprosto nezbytná v pouhém bytí dělníka

Ce que le salarié s'approprie par son travail ne suffit donc qu'à prolonger et à reproduire une existence nue

To, co si tedy námezdní dělník svou prací přivlastňuje, stačí jen k tomu, aby prodloužilo a reprodukovalo jeho holou existenci

Nous n'avons nullement l'intention d'abolir cette appropriation personnelle des produits du travail

V žádném případě nemáme v úmyslu zrušit toto osobní přivlastňování produktů práce

une appropriation qui est faite pour le maintien et la reproduction de la vie humaine

přidělení určené na zachování a reprodukci lidského života

Une telle appropriation personnelle des produits du travail ne laisse pas de surplus pour commander le travail d'autrui

Takové osobní přivlastňování produktů práce nezanechává žádný přebytek, kterým by bylo možné řídit práci druhých

Tout ce que nous voulons supprimer, c'est le caractère misérable de cette appropriation

Jediné, čeho se chceme zbavit, je bídný charakter tohoto přivlastňování

l'appropriation dont vit l'ouvrier dans le seul but d'augmenter son capital

přivlastňování, v němž dělník žije jen proto, aby zvětšilo kapitál

Il n'est autorisé à vivre que dans la mesure où l'intérêt de la classe dominante l'exige

Je mu dovoleno žít jen do té míry, do jaké to vyžaduje zájem vládnoucí třídy

Dans la société bourgeoise, le travail vivant n'est qu'un moyen d'augmenter le travail accumulé

V buržoazní společnosti je živá práce jen prostředkem ke zvýšení nahromaděné práce

Dans la société communiste, le travail accumulé n'est qu'un moyen d'élargir, d'enrichir, de promouvoir l'existence de l'ouvrier

V komunistické společnosti je nahromaděná práce jen prostředkem k rozšíření, obohacení a podpoře existence dělníka

C'est pourquoi, dans la société bourgeoise, le passé domine le présent

V buržoazní společnosti proto minulost dominuje přítomnosti

dans la société communiste, le présent domine le passé

v komunistické společnosti převládá přítomnost nad minulostí

Dans la société bourgeoise, le capital est indépendant et a une individualité

V buržoazní společnosti je kapitál nezávislý a má individualitu

Dans la société bourgeoise, la personne vivante est dépendante et n'a pas d'individualité

V buržoazní společnosti je živá osoba závislá a nemá žádnou individualitu

Et l'abolition de cet état de choses est appelée par la bourgeoisie l'abolition de l'individualité et de la liberté !

A zrušení tohoto stavu věcí nazývá buržoazie zrušením individuality a svobody!

Et c'est à juste titre qu'on l'appelle l'abolition de l'individualité et de la liberté !

A právem se to nazývá zrušením individuality a svobody!

Le communisme vise à l'abolition de l'individualité bourgeoise

Komunismus usiluje o zrušení buržoazní individuality

Le communisme veut l'abolition de l'indépendance de la bourgeoisie

Komunismus má v úmyslu zrušit buržoazní samostatnost

La liberté de la bourgeoisie est sans aucun doute ce que vise le communisme

Buržoazní svoboda je nepochybně tím, o co komunismus usiluje

dans les conditions actuelles de production de la bourgeoisie, la liberté signifie le libre-échange, la liberté de vendre et d'acheter

za současných buržoazních výrobních podmínek znamená svoboda volný obchod, volný prodej a nákup

Mais si la vente et l'achat disparaissent, la vente et l'achat gratuits disparaissent également

Pokud ale zmizí prodej a nákup, zmizí i volný prodej a nákup

Les « paroles courageuses » de la bourgeoisie sur la vente et l'achat libres n'ont qu'un sens limité

"Odvážná slova" buržoazie o volném prodeji a koupi mají smysl jen v omezeném smyslu

Ces mots n'ont de sens que par opposition à la vente et à l'achat restreints

Tato slova mají význam pouze v kontrastu s omezeným prodejem a nákupem

et ces mots n'ont de sens que lorsqu'ils s'appliquent aux marchands enchaînés du moyen âge

a tato slova mají smysl jen tehdy, když se vztahují na spoutané obchodníky středověku

et cela suppose que ces mots aient même un sens dans un sens bourgeois

a to předpokládá, že tato slova mají vůbec smysl v buržoazním smyslu

mais ces mots n'ont aucun sens lorsqu'ils sont utilisés pour s'opposer à l'abolition communiste de l'achat et de la vente

ale tato slova nemají žádný význam, když jsou používána jako odpor proti komunistickému zrušení kupování a prodávání

les mots n'ont pas de sens lorsqu'ils sont utilisés pour s'opposer à l'abolition des conditions de production de la bourgeoisie

tato slova nemají žádný význam, když jsou používána proti zrušení buržoazních výrobních podmínek

et ils n'ont aucun sens lorsqu'ils sont utilisés pour s'opposer à l'abolition de la bourgeoisie elle-même

a nemají žádný význam, když jsou používány jako opozice proti zrušení samotné buržoazie

Vous êtes horrifiés par notre intention d'en finir avec la propriété privée

Jste zděšeni naším úmyslem odstranit soukromé vlastnictví

Mais dans votre société actuelle, la propriété privée est déjà abolie pour les neuf dixièmes de la population

Ale ve vaší nynější společnosti je soukromé vlastnictví pro devět desetin obyvatelstva již odstraněno

L'existence d'une propriété privée pour quelques-uns est uniquement due à sa non-existence entre les mains des neuf dixièmes de la population

Existence soukromého vlastnictví pro hrstku je jen důsledkem toho, že neexistuje v rukou devíti desetin obyvatelstva

Vous nous reprochez donc d'avoir l'intention de supprimer une forme de propriété

Vyčítáte nám tedy, že máme v úmyslu odstranit nějakou formu vlastnictví

Mais la propriété privée nécessite l'inexistence de toute propriété pour l'immense majorité de la société

ale soukromé vlastnictví vyžaduje, aby pro nesmírnou většinu společnosti neexistoval žádný majetek

En un mot, vous nous reprochez d'avoir l'intention de vous débarrasser de vos biens

Jedním slovem, vyčítáte nám, že máme v úmyslu zbavit se vašeho majetku

Et c'est précisément le cas ; se débarrasser de votre propriété est exactement ce que nous avons l'intention de faire

A je tomu přesně tak; zbavit se vašeho majetku je přesně to, co máme v úmyslu

À partir du moment où le travail ne peut plus être converti en capital, en argent ou en rente

Od chvíle, kdy se práce již nemůže přeměnit v kapitál, peníze nebo rentu

quand le travail ne peut plus être converti en un pouvoir social monopolisé

když práce již nemůže být přeměněna ve společenskou moc, která by mohla být monopolizována

à partir du moment où la propriété individuelle ne peut plus être transformée en propriété bourgeoise

od okamžiku, kdy individuální vlastnictví již nemůže být přeměněno ve vlastnictví buržoazie

à partir du moment où la propriété individuelle ne peut plus être transformée en capital

od okamžiku, kdy individuální vlastnictví již nemůže být přeměněno v kapitál

À partir de ce moment-là, vous dites que l'individualité s'évanouit

Od té chvíle říkáte, že individualita mizí

Vous devez donc avouer que par « individu » vous n'entendez personne d'autre que la bourgeoisie

Musíte tedy přiznat, že "jednotlivcem" nemyslíte nikoho jiného než buržoazii

Vous devez avouer qu'il s'agit spécifiquement du propriétaire de la classe moyenne

Musíte přiznat, že se konkrétně vztahuje na vlastníka majetku ze střední třídy

Cette personne doit, en effet, être balayée et rendue impossible

Tato osoba musí být přece smetena z cesty a znemožněna

Le communisme ne prive personne du pouvoir de s'approprier les produits de la société

Komunismus nezbavuje nikoho moci přivlastňovat si produkty společnosti

tout ce que fait le communisme, c'est de le priver du pouvoir de subjuguer le travail d'autrui au moyen d'une telle appropriation

vše, co komunismus dělá, je, že ho zbavuje moci podrobit si práci druhých prostřednictvím takového přivlastňování

On a objecté qu'avec l'abolition de la propriété privée, tout travail cesserait

Někdo namítal, že po zrušení soukromého vlastnictví skončí veškerá práce

et il est alors suggéré que la paresse universelle nous rattrapera

a pak se naznačuje, že nás přemůže všeobecná lenost

D'après cela, il y a longtemps que la société bourgeoise aurait dû aller aux chiens par pure oisiveté

Podle toho měla buržoazní společnost už dávno jít k smrti z čiré zahálky

parce que ceux de ses membres qui travaillent, n'acquièrent rien

protože ti z jejích členů, kteří pracují, nezískávají nic

et ceux de ses membres qui acquièrent quoi que ce soit, ne travaillent pas

a ti z jejích členů, kteří něco získají, nepracují

L'ensemble de cette objection n'est qu'une autre expression de la tautologie

Celá tato námitka je jen jiným výrazem tautologie

Il ne peut plus y avoir de travail salarié quand il n'y a plus de capital

Námezdní práce už nemůže existovat, když už není kapitál

Il n'y a pas de différence entre les produits matériels et les produits mentaux

Není žádný rozdíl mezi materiálními produkty a duševními produkty

Le communisme propose que les deux soient produits de la même manière

Komunismus navrhuje, že obojí je produkováno stejným způsobem

mais les objections contre les modes communistes de production sont les mêmes

ale námitky proti komunistickým způsobům jejich výroby jsou stejné

pour la bourgeoisie, la disparition de la propriété de classe est la disparition de la production elle-même

pro buržoazii je zánik třídního vlastnictví zánikem samotné výroby

Ainsi, la disparition de la culture de classe est pour lui identique à la disparition de toute culture

Zánik třídní kultury je pro něj tedy totožný se zánikem veškeré kultury

Cette culture, dont il déplore la perte, n'est pour l'immense majorité qu'un simple entraînement à agir comme une machine

Kultura, nad jejíž ztrátou běduje, je pro obrovskou většinu pouhým tréninkem k tomu, aby se chovala jako stroj

Les communistes ont bien l'intention d'abolir la culture de la propriété bourgeoise

Komunisté mají velmi v úmyslu zrušit kulturu buržoazního vlastnictví

Mais ne vous querellez pas avec nous tant que vous appliquez les normes de vos notions bourgeoises de liberté, de culture, de droit, etc

Ale nehádejte se s námi, pokud budete uplatňovat měřítka svých buržoazních představ o svobodě, kultuře, právu atd

Vos idées mêmes ne sont que le résultat des conditions de votre production bourgeoise et de la propriété bourgeoise

Vaše vlastní ideje jsou jen výsledkem podmínek vaší buržoazní výroby a buržoazního vlastnictví

de même que votre jurisprudence n'est que la volonté de votre classe érigée en loi pour tous

Tak jako vaše právní věda není ničím jiným než vůlí vaší třídy, která se stala zákonem pro všechny

Le caractère essentiel et l'orientation de cette volonté sont déterminés par les conditions économiques créées par votre classe sociale

Základní charakter a směřování této vůle jsou určeny ekonomickými podmínkami, které vytváří vaše společenská třída

L'idée fausse égoïste qui vous pousse à transformer les formes sociales en lois éternelles de la nature et de la raison

Sobecký omyl, který vás vede k přeměně společenských forem ve věčné zákony přírody a rozumu

les formes sociales qui découlent de votre mode de production et de votre forme de propriété actuels

společenské formy, které vyrůstají z vašeho nynějšího výrobního způsobu a formy vlastnictví

des rapports historiques qui naissent et disparaissent dans le progrès de la production

historické vztahy, které vznikají a mizí v průběhu výroby

cette idée fausse que vous partagez avec toutes les classes dirigeantes qui vous ont précédés

Tuto mylnou představu sdílíte s každou vládnoucí třídou, která byla před vámi

Ce que vous voyez clairement dans le cas de la propriété ancienne, ce que vous admettez dans le cas de la propriété féodale

Co jasně vidíte u starého vlastnictví, co připouštíte u feudálního vlastnictví

ces choses, il vous est bien entendu interdit de les admettre dans le cas de votre propre forme de propriété bourgeoise

tyto věci je vám ovšem zakázáno připustit, jde-li o vaši vlastní buržoazní formu vlastnictví

Abolition de la famille ! Même les plus radicaux s'enflamment devant cette infâme proposition des communistes

Zrušení rodiny! Dokonce i ti nejradikálnější vzplanuli nad tímto hanebným návrhem komunistů

Sur quelle base se fonde la famille actuelle, la famille bourgeoise ?

Na jakém základě je založena nynější rodina, buržoazní rodina?

La fondation de la famille actuelle est basée sur le capital et le gain privé

Základ současné rodiny je založen na kapitálu a soukromém zisku

Sous sa forme complètement développée, cette famille n'existe que dans la bourgeoisie

Ve své úplně vyvinuté formě existuje tato rodina jen mezi buržoazií

Cet état de choses trouve son complément dans l'absence pratique de la famille chez les prolétaires

Tento stav věcí nachází svůj doplněk v praktické absenci rodiny mezi proletáři

Cet état de choses se retrouve dans la prostitution publique

Tento stav věcí lze nalézt ve veřejné prostituci

La famille bourgeoise disparaîtra d'office quand son effectif disparaîtra

Buržoazní rodina zmizí jako samozřejmost, jakmile zmizí její doplněk

et l'une et l'autre s'évanouiront avec la disparition du capital

a obojí zmizí se zánikem kapitálu

Nous accusez-vous de vouloir mettre fin à l'exploitation des enfants par leurs parents ?

Obviňujete nás z toho, že chceme zastavit vykořisťování dětí jejich rodiči?

Nous plaidons coupables de ce crime

K tomuto zločinu se přiznáváme

Mais, direz-vous, on détruit les relations les plus sacrées, quand on remplace l'éducation à domicile par l'éducation sociale

Řeknete však, že ničíme nejposvátnější vztahy, když nahradíme domácí výchovu výchovou společenskou

Votre éducation n'est-elle pas aussi sociale ? Et n'est-elle pas déterminée par les conditions sociales dans lesquelles vous éduquez ?

Není vaše vzdělání také sociální? A není to dáno společenskými podmínkami, za kterých vychováváte?

par l'intervention, directe ou indirecte, de la société, par le biais de l'école, etc.

přímým nebo nepřímým zásahem společnosti, prostřednictvím škol atd.

Les communistes n'ont pas inventé l'intervention de la société dans l'éducation

Komunisté nevynalezli zásah společnosti do vzdělávání

ils ne cherchent qu'à modifier le caractère de cette intervention

Snaží se pouze změnit povahu tohoto zásahu

et ils cherchent à sauver l'éducation de l'influence de la classe dirigeante

a snaží se zachránit vzdělání z vlivu vládnoucí třídy

La bourgeoisie parle de la relation sacrée du parent et de l'enfant

Buržoazie mluví o posvátném soužití rodiče a dítěte

mais ce baratin sur la famille et l'éducation devient d'autant plus répugnant quand on regarde l'industrie moderne

ale tato past na rodinu a vzdělání se stává o to odpornější, když se podíváme na velký průmysl

Tous les liens familiaux entre les prolétaires sont déchirés par l'industrie moderne

Všechny rodinné svazky mezi proletáři jsou rozervány velkým průmyslem

Leurs enfants sont transformés en simples objets de commerce et en instruments de travail

Jejich děti se promění v prosté obchodní předměty a pracovní nástroje

Mais vous, communistes, vous créeriez une communauté de femmes, crie en chœur toute la bourgeoisie

Ale vy komunisté byste vytvořili ženskou komunitu, křičí sborově celá buržoazie

La bourgeoisie ne voit en sa femme qu'un instrument de production

Buržoazie vidí ve své ženě pouhý výrobní nástroj

Il entend dire que les instruments de production doivent être exploités par tous

Slyší, že výrobní nástroje mají být využívány všemi

et, naturellement, il ne peut arriver à aucune autre
conclusion que celle d'être commun à tous retombera
également sur les femmes

a přirozeně nemůže dojít k jinému závěru než k tomu, že úděl
být společný všem připadne také ženám

Il ne soupçonne même pas qu'il s'agit en fait d'en finir avec
le statut de la femme en tant que simple instrument de
production

Nemá ani tušení, že ve skutečnosti jde o to, aby se odstranilo
postavení žen jako pouhých výrobních nástrojů

Du reste, rien n'est plus ridicule que l'indignation vertueuse
de notre bourgeoisie contre la communauté des femmes

Ostatně není nic směšnějšího než ctnostné rozhořčení naší
buržoazie nad společenstvím žen

ils prétendent qu'elle doit être établie ouvertement et
officiellement par les communistes

předstírají, že má být otevřeně a oficiálně založena komunisty

Les communistes n'ont pas besoin d'introduire la
communauté des femmes, elle existe depuis des temps
immémoriaux

Komunisté nemají potřebu zavádět komunitu žen, existuje
téměř od nepaměti

Notre bourgeoisie ne se contente pas d'avoir à sa disposition
les femmes et les filles de ses prolétaires

Naše buržoazie se nespokojuje s tím, že má k dispozici ženy a
dcery svých proletářů

Ils prennent le plus grand plaisir à séduire les femmes de
l'autre

mají největší potěšení z toho, že si navzájem svádějí manželky

Et cela ne parle même pas des prostituées ordinaires

a to ani nemluvím o obyčejných prostitutkách

Le mariage bourgeois est en réalité un système d'épouses en
commun

Buržoazní manželství je ve skutečnosti systémem společných
manželek

puis il y a une chose qu'on pourrait peut-être reprocher aux communistes

pak je tu jedna věc, která by snad mohla být komunistům vytýkána

Ils souhaitent introduire une communauté de femmes ouvertement légalisée

Touží po zavedení otevřeně legalizované komunity žen

plutôt qu'une communauté de femmes hypocritement dissimulée

spíše než pokrytecky skrývané společenství žen

la communauté des femmes issues du système de production

komunita žen pramenící ze systému výroby

Abolissez le système de production, et vous abolissez la communauté des femmes

Zrušte výrobní systém a zrušíte společenství žen

La prostitution publique est abolie et la prostitution privée

Byla zrušena jak veřejná prostituce, tak soukromá prostituce

On reproche en outre aux communistes de vouloir abolir les pays et les nationalités

Komunistům se dále více vytýká, že si přejí zrušit země a národnosti

Les travailleurs n'ont pas de patrie, nous ne pouvons donc pas leur prendre ce qu'ils n'ont pas

Pracující lidé nemají žádnou vlast, takže jim nemůžeme vzít to, co nemají

Le prolétariat doit d'abord acquérir la suprématie politique

Proletariát musí v první řadě získat politické panství

Le prolétariat doit s'élever pour être la classe dirigeante de la nation

Proletariát se musí pozvednout a stát se vedoucí třídou národa

Le prolétariat doit se constituer en nation

Proletariát se musí ustavit národem

elle est, jusqu'à présent, elle-même nationale, mais pas dans le sens bourgeois du mot

je zatím sama o sobě národní, i když ne v buržoazním smyslu slova

Les différences nationales et les antagonismes entre les peuples s'estompent chaque jour davantage

Národnostní rozdíly a protiklady mezi národy se den ode dne více a více vytrácejí

grâce au développement de la bourgeoisie, à la liberté du commerce, au marché mondial

díky rozvoji buržoazie, svobodě obchodu, světovému trhu

à l'uniformité du mode de production et des conditions de vie qui y correspondent

stejnorodosti výrobního způsobu a jemu odpovídajících životních podmínek

La suprématie du prolétariat les fera disparaître encore plus vite

Nadvláda proletariátu způsobí, že zmizí ještě rychleji

L'action unie, du moins dans les principaux pays civilisés, est une des premières conditions de l'émancipation du prolétariat

Jednotná akce, přinejmenším ve vedoucích civilisovaných zemích, je jednou z prvních podmínek osvobození proletariátu

Dans la mesure où l'exploitation d'un individu par un autre prendra fin, l'exploitation d'une nation par une autre prendra également fin à

Tou měrou, jak se bude skončit vykořisťování jednoho jednotlivce druhým, bude také ukončeno vykořisťování jednoho národa druhým

À mesure que l'antagonisme entre les classes à l'intérieur de la nation disparaîtra, l'hostilité d'une nation envers une autre prendra fin

Tou měrou, jak mizí protiklad mezi třídami uvnitř národa, tím skončí i nepřátelství jednoho národa vůči druhému

Les accusations portées contre le communisme d'un point de vue religieux, philosophique et, en général, idéologique, ne méritent pas d'être examinées sérieusement

Obvinění proti komunismu vznesená z hlediska
náboženského, filozofického a vůbec z ideologického hlediska
nezasluhují vážného zkoumání

**Faut-il une intuition profonde pour comprendre que les
idées, les vues et les conceptions de l'homme changent à
chaque changement dans les conditions de son existence
matérielle ?**

Je třeba hlubokého cítění, abychom pochopili, že myšlenky,
názory a pojmy člověka se mění s každou změnou podmínek
jeho hmotného bytí?

**N'est-il pas évident que la conscience de l'homme change
lorsque ses relations sociales et sa vie sociale changent ?**

Není snad samozřejmé, že vědomí člověka se mění, když se
mění jeho společenské vztahy a společenský život?

**Qu'est-ce que l'histoire des idées prouve d'autre, sinon que
la production intellectuelle change de caractère à mesure que
la production matérielle se modifie ?**

Co jiného dokazují dějiny idejí, než že intelektuální produkce
mění svůj charakter tou měrou, jak se mění materiální výroba?

**Les idées dominantes de chaque époque ont toujours été les
idées de sa classe dirigeante**

Vládnoucí ideje každé doby byly vždy idejemi její vládnoucí
třídy

**Quand on parle d'idées qui révolutionnent la société, on
n'exprime qu'un seul fait**

Když lidé mluví o myšlenkách, které revolucionizují
společnost, vyjadřují jen jednu skutečnost

**Au sein de l'ancienne société, les éléments d'une nouvelle
société ont été créés**

Ve staré společnosti byly vytvořeny prvky nové společnosti

**et que la dissolution des vieilles idées va de pair avec la
dissolution des anciennes conditions d'existence**

a že rozklad starých idejí drží krok s rozkladem starých
existenčních podmínek

**Lorsque le monde antique était dans ses dernières affresses,
les anciennes religions ont été vaincues par le christianisme**

Když byl starověký svět v posledních křečích, byla starověká náboženství přemožena křesťanstvím

Lorsque les idées chrétiennes ont succombé au XVIIIe siècle aux idées rationalistes, la société féodale a mené une bataille à mort contre la bourgeoisie alors révolutionnaire

Když křesťanské ideje v 18. století podlehly racionalistickým idejím, feudální společnost svedla smrtelnou bitvu s tehdejší revoluční buržoazií

Les idées de liberté religieuse et de liberté de conscience n'ont fait qu'exprimer l'emprise de la libre concurrence dans le domaine de la connaissance

Myšlenky náboženské svobody a svobody svědomí pouze vyjadřovaly nadvládu svobodné soutěže v oblasti vědění

« Sans doute, dira-t-on, les idées religieuses, morales, philosophiques et juridiques ont été modifiées au cours du développement historique »

Řekne se, že "náboženské, mravní, filozofické a právní ideje se v průběhu dějinného vývoje nepochybně změnily"

Mais la religion, la morale, la philosophie, la science politique et le droit ont constamment survécu à ce changement.

"Ale náboženství, filozofie morálky, politická věda a právo neustále přežívaly tuto změnu."

« Il y a aussi des vérités éternelles, telles que la Liberté, la Justice, etc. »

"Existují také věčné pravdy, jako je svoboda, spravedlnost atd."

« Ces vérités éternelles sont communes à tous les états de la société »

"Tyto věčné pravdy jsou společné všem stavům společnosti"

« Mais le communisme abolit les vérités éternelles, il abolit toute religion et toute morale »

"Ale komunismus ruší věčné pravdy, ruší veškeré náboženství a veškerou morálku."

« il fait cela au lieu de les constituer sur une nouvelle base »

"dělá to, místo aby je ustavovala na novém základě"

« Elle agit donc en contradiction avec toute l'expérience historique passée »
"jedná tedy v rozporu s veškerou minulou historickou zkušeností"

À quoi se réduit cette accusation ?
Na co se toto obvinění redukuje?

L'histoire de toute la société passée a consisté dans le développement d'antagonismes de classe
Dějiny celé minulé společnosti spočívaly ve vývoji třídních protikladů

antagonismes qui ont pris des formes différentes selon les époques
antagonismy, které nabývaly různých forem v různých epochách

Mais quelle que soit la forme qu'ils aient prise, un fait est commun à tous les âges passés
Ale ať už na sebe vzaly jakoukoli formu, jedna skutečnost je společná všem minulým věkům

l'exploitation d'une partie de la société par l'autre
vykořisťování jedné části společnosti druhou

Il n'est donc pas étonnant que la conscience sociale des âges passés se meuve à l'intérieur de certaines formes communes ou d'idées générales
Není tedy divu, že se společenské vědomí minulých věků pohybuje v určitých běžných formách nebo obecných idejích

(et ce, malgré toute la multiplicité et la variété qu'il affiche)
(a to navzdory vší rozmanitosti a rozmanitosti, kterou zobrazuje)

et ceux-ci ne peuvent disparaître complètement qu'avec la disparition totale des antagonismes de classe
a ty nemohou úplně zmizet jinak než úplným vymizením třídních protikladů

La révolution communiste est la rupture la plus radicale avec les rapports de propriété traditionnels
Komunistická revoluce je nejradikálnějším rozchodem s tradičními vlastnickými vztahy

Il n'est donc pas étonnant que son développement implique la rupture la plus radicale avec les idées traditionnelles

Není divu, že její vývoj zahrnuje nejradikálnější rozchod s tradičními idejemi

Mais finissons-en avec les objections de la bourgeoisie contre le communisme

Ale skončeme s námitkami buržoazie vůči komunismu

Nous avons vu plus haut le premier pas de la révolution de la classe ouvrière

Výše jsme viděli první krok v revoluci dělnické třídy

Le prolétariat doit être élevé à la position de dirigeant, pour gagner la bataille de la démocratie

Proletariát musí být povýšen do pozice vládce, aby vyhrál bitvu za demokracii

Le prolétariat usera de sa suprématie politique pour arracher peu à peu tout le capital à la bourgeoisie

Proletariát využije své politické nadvlády k tomu, aby postupně vyrval buržoazii všechen kapitál

elle centralisera tous les instruments de production entre les mains de l'État

bude centralizovat všechny výrobní nástroje v rukou státu

En d'autres termes, le prolétariat s'est organisé en classe dominante

Jinými slovy, proletariát se organizoval jako vládnoucí třída

et elle augmentera le plus rapidement possible le total des forces productives

a co nejrychleji zvýší úhrn výrobních sil

Bien sûr, au début, cela ne peut se faire qu'au moyen d'incursions despotiques dans les droits de propriété

Samozřejmě, že na začátku to nemůže být provedeno jinak než prostřednictvím despotických zásahů do vlastnických práv

et elle doit être réalisée dans les conditions de la production bourgeoise

a musí být dosaženo za podmínek buržoazní výroby

Elle est donc réalisée au moyen de mesures qui semblent économiquement insuffisantes et intenables

Toho je proto dosaženo pomocí opatření, která se jeví jako
ekonomicky nedostatečná a neudržitelná

**mais ces moyens, dans le cours du mouvement, se dépassent
d'eux-mêmes**

ale tyto prostředky v průběhu pohybu předstihují samy sebe

**elles nécessitent de nouvelles incursions dans l'ancien ordre
social**

Vyžadují další zásahy do starého společenského řádu

**et ils sont inévitables comme moyen de révolutionner
entièrement le mode de production**

a jsou nevyhnutelné jako prostředek k úplné revoluci ve
výrobním způsobu

Ces mesures seront bien sûr différentes selon les pays

Tato měřítka se budou samozřejmě v různých zemích lišit

**Néanmoins, dans les pays les plus avancés, ce qui suit sera
assez généralement applicable**

Nicméně v nejvyspělejších zemích bude následující docela
obecně platit

**1. L'abolition de la propriété foncière et l'affectation de
toutes les rentes foncières à des fins publiques.**

1. Zrušení vlastnictví půdy a použití všech pozemkových rent.

2. Un impôt sur le revenu progressif ou progressif lourd.

2. Vysoká progresivní nebo odstupňovaná daň z příjmu.

3. Abolition de tout droit d'héritage.

3. Zrušení veškerého dědického práva.

4. Confiscation des biens de tous les émigrés et rebelles.

4. Konfiskace majetku všech emigrantů a vzbouřenců.

**5. Centralisation du crédit entre les mains de l'État, au
moyen d'une banque nationale à capital d'État et monopole
exclusif.**

5. Centralizace úvěrů v rukou státu prostřednictvím národní
banky se státním kapitálem a výhradním monopolem.

**6. Centralisation des moyens de communication et de
transport entre les mains de l'État.**

6. Centralizace komunikačních a dopravních prostředků v
rukou státu.

7. Extension des usines et des instruments de production appartenant à l'État

7. Rozšíření továren a výrobních nástrojů ve vlastnictví státu

la mise en culture des terres incultes, et l'amélioration du sol en général d'après un plan commun.

obdělávání pustin a všeobecné zlepšování půdy v souladu se společným plánem.

8. Responsabilité égale de tous vis-à-vis du travail

8. Stejná odpovědnost všech vůči práci

Mise en place d'armées industrielles, notamment pour l'agriculture.

Zřizování průmyslových armád, zejména pro zemědělství.

9. Combinaison de l'agriculture et des industries manufacturières

9. Spojení zemědělství s výrobním průmyslem

l'abolition progressive de la distinction entre la ville et la campagne, par une répartition plus égale de la population sur le territoire.

Postupné odstraňování rozdílu mezi městem a venkovem prostřednictvím rovnoměrnějšího rozdělení obyvatelstva po celé zemi.

10. Gratuité de l'éducation pour tous les enfants dans les écoles publiques.

10. Bezplatné vzdělání pro všechny děti ve veřejných školách.

Abolition du travail des enfants dans les usines sous sa forme actuelle

Zrušení dětské tovární práce v její současné podobě

Combinaison de l'éducation et de la production industrielle

Spojení vzdělávání s průmyslovou výrobou

Quand, au cours du développement, les distinctions de classe ont disparu

Až v průběhu vývoje zmizí třídní rozdíly

et quand toute la production aura été concentrée entre les mains d'une vaste association de toute la nation

a když veškerá výroba byla soustředěna v rukou obrovského sdružení celého národa

alors la puissance publique perdra son caractère politique

pak veřejná moc ztratí svůj politický charakter

Le pouvoir politique, proprement dit, n'est que le pouvoir organisé d'une classe pour en opprimer une autre

Politická moc ve vlastním slova smyslu je jen organizovaná moc jedné třídy k utlačování druhé třídy

Si le prolétariat, dans sa lutte contre la bourgeoisie, est contraint, par la force des choses, de s'organiser en classe

Je-li proletariát během svého zápasu s buržoazií nucen silou okolností organizovat se jako třída

si, par une révolution, elle se fait la classe dominante

pokud se prostřednictvím revoluce stane vládnoucí třídou

et, en tant que telle, elle balaie par la force les anciennes conditions de production

a jako taková násilím strhává staré výrobní podmínky

alors, avec ces conditions, elle aura balayé les conditions d'existence des antagonismes de classes et des classes en général

Pak spolu s těmito podmínkami smete i podmínky pro existenci třídních protikladů a tříd vůbec

et aura ainsi aboli sa propre suprématie en tant que classe.

a tím zruší svou vlastní nadvládu jako třídy.

A la place de l'ancienne société bourgeoise, avec ses classes et ses antagonismes de classes, nous aurons une association

Na místo staré buržoazní společnosti s jejími třídami a třídními protiklady nastoupí sdružení

une association dans laquelle le libre développement de chacun est la condition du libre développement de tous

Sdružení, v němž svobodný rozvoj každého je podmínkou svobodného rozvoje všech

1) Le socialisme réactionnaire
1) Reakční socialismus

a) Le socialisme féodal
a) Feudální socialismus

les aristocraties de France et d'Angleterre avaient une position historique unique
aristokracie Francie a Anglie měla jedinečné historické postavení
c'est devenu leur vocation d'écrire des pamphlets contre la société bourgeoise moderne
stalo se jejich povoláním psát pamflety proti moderní buržoazní společnosti
Dans la révolution française de juillet 1830 et dans l'agitation réformiste anglaise
Ve francouzské revoluci v červenci 1830 a v anglické reformní agitaci
Ces aristocraties succombèrent de nouveau à l'odieux parvenu
Tato aristokracie opět podlehla nenáviděnému povýšenci
Dès lors, il n'était plus question d'une lutte politique sérieuse
Od té doby nepřicházelo vůbec v úvahu vážný politický souboj
Tout ce qui restait possible, c'était une bataille littéraire, pas une véritable bataille
Jediné, co zbývalo, byla literární bitva, nikoli skutečná bitva
Mais même dans le domaine de la littérature, les vieux cris de la période de la restauration étaient devenus impossibles
Ale i v oblasti literatury se staré výkřiky z doby restaurace staly nemožnými
Pour s'attirer la sympathie, l'aristocratie était obligée de perdre de vue, semble-t-il, ses propres intérêts
Aby vzbudila sympatie, musela aristokracie zřejmě ztratit ze zřetele své vlastní zájmy

et ils ont été obligés de formuler leur réquisitoire contre la bourgeoisie dans l'intérêt de la classe ouvrière exploitée

a byli nuceni formulovat svou obžalobu proti buržoazii v zájmu vykořisťované dělnické třídy

C'est ainsi que l'aristocratie prit sa revanche en chantant des pamphlets sur son nouveau maître

Tak se aristokracie pomstila tím, že svého nového pána zesměšňovala

et ils prirent leur revanche en lui murmurant à l'oreille de sinistres prophéties de catastrophe à venir

a pomstili se mu tím, že mu do uší šeptali zlověstná proroctví o blížící se katastrofě

C'est ainsi qu'est né le socialisme féodal : moitié lamentation, moitié moquerie

Tak vznikl feudální socialismus: napůl nářek, napůl výsměch

Il sonnait comme un demi-écho du passé, et projetait une demi-menace de l'avenir

znělo to jako napůl ozvěna minulosti a napůl jako promítaná hrozba budoucnosti

parfois, par sa critique acerbe, spirituelle et incisive, il frappait la bourgeoisie au plus profond de lui-même

někdy svou hořkou, vtipnou a pronikavou kritikou zasáhla buržoazii až do samého jádra

mais elle a toujours été ridicule dans son effet, par l'incapacité totale de comprendre la marche de l'histoire moderne

ale ve svém účinku to bylo vždy směšné, protože to nebylo vůbec možné pochopit běh moderních dějin

L'aristocratie, pour rallier le peuple à elle, agitait le sac d'aumône prolétarien en guise de bannière

Aristokracie, aby k sobě přitáhla lid, mávala před sebou proletářským měšcem almužny jako praporem

Mais le peuple, toutes les fois qu'il se joignait à lui, voyait sur son arrière-train les anciennes armoiries féodales

Ale lid, kdykoli se k nim připojil, viděl na svých zadcích staré feudální erby

et ils désertèrent avec des rires bruyants et irrévérencieux

a oni odešli s hlasitým a neuctivým smíchem

Une partie des légitimistes français et de la « Jeune Angleterre » offrit ce spectacle

Jedna část francouzských legitimistů a "mladé Anglie" předváděla toto představení

les féodaux ont fait remarquer que leur mode d'exploitation était différent de celui de la bourgeoisie

feudálové poukazovali na to, že jejich způsob vykořisťování je odlišný od způsobu vykořisťování buržoazie

Les féodaux oublient qu'ils ont exploité dans des circonstances et des conditions tout à fait différentes

Feudálové zapomínají, že vykořisťovali za okolností a podmínek, které byly zcela odlišné

Et ils n'ont pas remarqué que de telles méthodes d'exploitation sont maintenant désuètes

A nevšimli si, že takové metody vykořisťování jsou nyní zastaralé

Ils ont montré que, sous leur domination, le prolétariat moderne n'a jamais existé

Ukázali, že pod jejich vládou moderní proletariát nikdy neexistoval

mais ils oublient que la bourgeoisie moderne est le produit nécessaire de leur propre forme de société

zapomínají však, že moderní buržoazie je nutným potomkem jejich vlastní společenské formy

Pour le reste, ils dissimulent à peine le caractère réactionnaire de leur critique

Ostatně stěží skrývají reakční charakter své kritiky

Leur principale accusation contre la bourgeoisie se résume à ceci

jejich hlavní obvinění proti buržoazii spočívá v tomto:

sous le régime bourgeois, une classe sociale se développe

za buržoazního režimu se rozvíjí společenská třída

Cette classe sociale est destinée à découper de fond en comble l'ancien ordre de la société

Tato společenská třída je předurčena k tomu, aby vytrhala kořeny a větve starého společenského řádu

Ce qu'ils reprochent à la bourgeoisie, ce n'est pas tant qu'elle crée un prolétariat

Buržoazii nekáží ani tak tím, že vytváří proletariát

ce qu'ils reprochent à la bourgeoisie, c'est plutôt de créer un prolétariat révolutionnaire

buržoazii vyčítají tím víc, že vytváří revoluční proletariát

Dans la pratique politique, ils se joignent donc à toutes les mesures coercitives contre la classe ouvrière

V politické praxi se proto připojují ke všem donucovacím opatřením proti dělnické třídě

Et dans la vie ordinaire, malgré leurs phrases hautaines, ils s'abaissent à ramasser les pommes d'or tombées de l'arbre de l'industrie

A v obyčejném životě, navzdory svým vzletným frázím, se shýbají, aby sebrali zlatá jablka spadlá ze stromu průmyslu

et ils troquent la vérité, l'amour et l'honneur contre le commerce de la laine, du sucre de betterave et de l'eau-de-vie de pommes de terre

a vyměňují pravdu, lásku a čest za obchod s vlnou, cukrem z červené řepy a bramborovými lihovinami

De même que le pasteur a toujours marché main dans la main avec le propriétaire foncier, il en a été de même du socialisme clérical et du socialisme féodal

Tak jako šel farář vždy ruku v ruce s pozemkovým vlastníkem, tak šel klerikální socialismus ruku v ruce se socialismem feudálním

Rien n'est plus facile que de donner à l'ascétisme chrétien une teinte socialiste

Není nic snazšího, než dát křesťanské askezi socialistický nádech

Le christianisme n'a-t-il pas déclamé contre la propriété privée, contre le mariage, contre l'État ?

Nebrojilo snad křesťanství proti soukromému vlastnictví, proti manželství, proti státu?

Le christianisme n'a-t-il pas prêché à la place de la charité et de la pauvreté ?

Nekázalo křesťanství místo těchto dobročinnosti a chudoby?

Le christianisme ne prêche-t-il pas le célibat et la mortification de la chair, de la vie monastique et de l'Église mère ?

Nehlásá křesťanství celibát a umrtvování těla, mnišský život a matku církev?

Le socialisme chrétien n'est que l'eau bénite avec laquelle le prêtre consacre les brûlures du cœur de l'aristocrate

Křesťanský socialismus není nic jiného než svěcená voda, kterou kněz posvěcuje pálení srdce aristokrata

b) Le socialisme petit-bourgeois
b) Maloburžoazní socialismus

L'aristocratie féodale n'est pas la seule classe ruinée par la bourgeoisie
Feudální aristokracie nebyla jedinou třídou, která byla buržoazií zruinována
ce n'était pas la seule classe dont les conditions d'existence languissaient et périssaient dans l'atmosphère de la société bourgeoise moderne
nebyla to jediná třída, jejíž životní podmínky chřadly a zanikaly v ovzduší moderní buržoazní společnosti
Les bourgeois médiévaux et les petits propriétaires paysans ont été les précurseurs de la bourgeoisie moderne
Středověcí měšťané a drobní rolníci byli předchůdci moderní buržoazie
Dans les pays peu développés, tant au point de vue industriel que commercial, ces deux classes végètent encore côte à côte
V zemích, které jsou průmyslově i obchodně jen málo vyvinuté, živoří tyto dvě třídy ještě vedle sebe
et pendant ce temps, la bourgeoisie se lève à côté d'eux : industriellement, commercialement et politiquement
a mezitím vedle nich povstává buržoazie: průmyslově, obchodně a politicky
Dans les pays où la civilisation moderne s'est pleinement développée, une nouvelle classe de petite bourgeoisie s'est formée
V zemích, kde se moderní civilizace plně rozvinula, se vytvořila nová třída maloburžoazie
cette nouvelle classe sociale oscille entre le prolétariat et la bourgeoisie
tato nová společenská třída kolísá mezi proletariátem a buržoazií
et elle se renouvelle sans cesse en tant que partie supplémentaire de la société bourgeoise

a stále se obnovuje jako doplňková součást buržoazní společnosti

Cependant, les membres individuels de cette classe sont constamment précipités dans le prolétariat

Jednotliví členové této třídy jsou však neustále sráženi do proletariátu

ils sont aspirés par le prolétariat par l'action de la concurrence

jsou vysáváni proletariátem působením konkurence

Au fur et à mesure que l'industrie moderne se développe, ils voient même approcher le moment où ils disparaîtront complètement en tant que section indépendante de la société moderne

S rozvojem moderního průmyslu dokonce vidí, že se blíží okamžik, kdy zcela zmizí jako samostatná část moderní společnosti

ils seront remplacés, dans les manufactures, l'agriculture et le commerce, par des surveillants, des huissiers et des boutiquiers

V manufakturách, zemědělství a obchodu je nahradí dozorci, soudní vykonavatelé a obchodníci

Dans des pays comme la France, où les paysans représentent bien plus de la moitié de la population

V zemích jako Francie, kde rolníci tvoří mnohem více než polovinu obyvatelstva

il était naturel qu'il y ait des écrivains qui se rangent du côté du prolétariat contre la bourgeoisie

bylo přirozené, že se našli spisovatelé, kteří se postavili na stranu proletariátu proti buržoazii

dans leur critique du régime bourgeois, ils utilisaient l'étendard de la bourgeoisie paysanne et de la petite bourgeoisie

ve své kritice buržoazního režimu používali standard rolnické a maloburžoazie

et, du point de vue de ces classes intermédiaires, ils prennent le relais de la classe ouvrière

a s hlediska těchto středních tříd se ujímají klacků za dělnickou třídu

C'est ainsi qu'est né le socialisme petit-bourgeois, dont Sismondi était le chef de cette école, non seulement en France, mais aussi en Angleterre

Tak vznikl maloburžoazní socialismus, jehož hlavou stál Sismondi, a to nejen ve Francii, ale i v Anglii

Cette école du socialisme a disséqué avec une grande acuité les contradictions des conditions de la production moderne

Tato škola socialismu rozpitvala s velkou ostrostí rozpory v podmínkách moderní výroby

Cette école a mis à nu les excuses hypocrites des économistes

Tato škola odhalila pokrytecké omluvy ekonomů

Cette école prouva sans conteste les effets désastreux du machinisme et de la division du travail

Tato škola nezvratně dokázala zhoubné účinky strojů a dělby práce

elle prouvait la concentration du capital et de la terre entre quelques mains

Dokazuje to koncentraci kapitálu a půdy v několika málo rukou

elle a prouvé comment la surproduction conduit à des crises bourgeoises

dokázala, jak nadvýroba vede ke krizím buržoazie

il soulignait la ruine inévitable de la petite bourgeoisie et des paysans

poukazovala na nevyhnutelný úpadek maloburžoazie a rolnictva

la misère du prolétariat, l'anarchie de la production, les inégalités criantes dans la répartition des richesses

bída proletariátu, anarchie ve výrobě, křiklavé nerovnosti v rozdělování bohatství

Il a montré comment le système de production mène la guerre industrielle d'extermination entre les nations

Ukázala, jak výrobní systém vede průmyslovou vyhlazovací válku mezi národy

la dissolution des vieux liens moraux, des vieilles relations familiales, des vieilles nationalités

Rozpad starých mravních pout, starých rodinných vztahů, starých národností

Dans ses objectifs positifs, cependant, cette forme de socialisme aspire à réaliser l'une des deux choses suivantes

Ve svých pozitivních cílech však tato forma socialismu usiluje o dosažení jedné ze dvou věcí

soit elle vise à restaurer les anciens moyens de production et d'échange

Buď má za cíl obnovit staré výrobní a směnné prostředky

et avec les anciens moyens de production, elle rétablirait les anciens rapports de propriété et l'ancienne société

a se starými výrobními prostředky by obnovila staré vlastnické vztahy a starou společnost

ou bien elle vise à enfermer les moyens modernes de production et d'échange dans l'ancien cadre des rapports de propriété

nebo se snaží vtěsnat moderní výrobní a směnné prostředky do starého rámce vlastnických vztahů

Dans un cas comme dans l'autre, elle est à la fois réactionnaire et utopique

V každém případě je to jak reakční, tak utopické

Ses derniers mots sont : guildes corporatives pour la fabrication, relations patriarcales dans l'agriculture

Její poslední slova jsou: průmyslové cechy korporací, patriarchální vztahy v zemědělství

En fin de compte, lorsque les faits historiques obstinés ont dispersé tous les effets enivrants de l'auto-tromperie

Nakonec, když tvrdošíjná historická fakta rozptýlila všechny opojné účinky sebeklamu

cette forme de socialisme se termina par un misérable accès de pitié

tato forma socialismu skončila žalostným záchvatem lítosti

c) Le socialisme allemand, ou « vrai »
c) Německý, čili "pravý" socialismus

La littérature socialiste et communiste de France est née sous la pression d'une bourgeoisie au pouvoir
Socialistická a komunistická literatura Francie vznikla pod tlakem buržoazie u moci
Et cette littérature était l'expression de la lutte contre ce pouvoir
a tato literatura byla výrazem boje proti této moci
elle a été introduite en Allemagne à une époque où la bourgeoisie venait de commencer sa lutte contre l'absolutisme féodal
Byla zavedena v Německu v době, kdy buržoazie právě začala svůj boj s feudálním absolutismem
Les philosophes allemands, les prétendus philosophes et les beaux esprits, s'emparèrent avidement de cette littérature
Němečtí filozofové, rádoby filozofové a krásní espritové, se této literatury dychtivě chopili
mais ils oubliaient que les écrits avaient émigré de France en Allemagne sans apporter avec eux les conditions sociales françaises
ale zapomněli, že spisy se přestěhovaly z Francie do Německa, aniž by s sebou přinesly francouzské sociální poměry
Au contact des conditions sociales allemandes, cette littérature française perd toute sa signification pratique immédiate
Ve styku s německými sociálními poměry ztratila tato francouzská literatura všechen svůj bezprostřední praktický význam
et la littérature communiste de France a pris un aspect purement littéraire dans les cercles académiques allemands
a komunistická literatura Francie nabyla v německých akademických kruzích čistě literárního aspektu

Ainsi, les exigences de la première Révolution française n'étaient rien d'autre que les exigences de la « raison pratique »

A tak požadavky první francouzské revoluce nebyly ničím jiným než požadavky "praktického rozumu"

et l'expression de la volonté de la bourgeoisie française révolutionnaire signifiait à leurs yeux la loi de la volonté pure

a vyslovení vůle revoluční francouzské buržoazie znamenalo v jejich očích zákon čisté vůle

il signifiait la Volonté telle qu'elle devait être ; de la vraie Volonté humaine en général

znamenalo to vůli, jaká musela být; pravé lidské vůle vůbec

Le monde des lettrés allemands ne consistait qu'à mettre les nouvelles idées françaises en harmonie avec leur ancienne conscience philosophique

Svět německých literátů záležel jen v tom, aby uvedli nové francouzské ideje do souladu se svým starým filosofickým svědomím

ou plutôt, ils ont annexé les idées françaises sans déserter leur propre point de vue philosophique

nebo spíše si připojili francouzské ideje, aniž by opustili své vlastní filozofické hledisko

Cette annexion s'est faite de la même manière que l'on s'approprie une langue étrangère, c'est-à-dire par la traduction

K této anexi došlo stejným způsobem, jakým se přivlastňuje cizí jazyk, totiž překladem

Il est bien connu comment les moines ont écrit des vies stupides de saints catholiques sur des manuscrits

Je dobře známo, jak mniši psali hloupé životy katolických světců přes rukopisy

les manuscrits sur lesquels les œuvres classiques de l'ancien paganisme avaient été écrites

Rukopisy, na nichž byla napsána klasická díla starověkého pohanství

Les lettrés allemands ont inversé ce processus avec la littérature française profane

Němečtí literáti tento proces obrátili světskou francouzskou literaturou

Ils ont écrit leurs absurdités philosophiques sous l'original français

Své filosofické nesmysly napsali pod francouzský originál

Par exemple, sous la critique française des fonctions économiques de l'argent, ils ont écrit « L'aliénation de l'humanité »

Například pod francouzskou kritiku ekonomických funkcí peněz napsali "Odcizení lidskosti"

au-dessous de la critique française de l'État bourgeois, ils écrivaient « détrônement de la catégorie du général »

pod francouzskou kritiku buržoazního státu napsali "sesazení z trůnu kategorie obecného"

L'introduction de ces phrases philosophiques à la fin des critiques historiques françaises qu'ils ont baptisées :

Uvedení těchto filozofických frází na pozadí francouzských historických kritik nazvali:

« Philosophie de l'action », « Vrai socialisme », « Science allemande du socialisme », « Fondement philosophique du socialisme », etc

"Filosofie činu", "Pravý socialismus", "Německá věda o socialismu", "Filosofické základy socialismu" a tak dále

La littérature socialiste et communiste française est ainsi complètement émasculée

Francouzská socialistická a komunistická literatura tak byla úplně vykleštěna

entre les mains des philosophes allemands, elle cessa d'exprimer la lutte d'une classe contre l'autre

v rukou německých filosofů přestala vyjadřovat boj jedné třídy s druhou

et c'est ainsi que les philosophes allemands se sentaient conscients d'avoir surmonté « l'unilatéralité française »

a tak si němečtí filosofové byli vědomi, že překonali
"francouzskou jednostrannost"

Il n'avait pas à représenter de vraies exigences, mais plutôt des exigences de vérité

Nemusela představovat skutečné požadavky, spíše představovala požadavky pravdy

il n'y avait pas d'intérêt pour le prolétariat, mais plutôt pour la nature humaine

nebyl tu žádný zájem o proletariát, spíše byl zájem o lidskou přirozenost

l'intérêt était dans l'Homme en général, qui n'appartient à aucune classe et n'a pas de réalité

zájem byl o člověka obecně, který nepatří do žádné třídy a nemá žádnou skutečnost

un homme qui n'existe que dans le royaume brumeux de la fantaisie philosophique

Člověk, který existuje pouze v mlžné říši filozofické fantazie

mais finalement, ce socialisme allemand d'écolier perdit aussi son innocence pédante

ale nakonec i tento školácký německý socialismus ztratil svou pedantskou nevinnost

la bourgeoisie allemande, et surtout la bourgeoisie prussienne, luttait contre l'aristocratie féodale

německá buržoazie a zejména pruská buržoazie bojovala proti feudální aristokracii

la monarchie absolue de l'Allemagne et de la Prusse était également combattue

bojovalo se také proti absolutní monarchii Německa a Pruska

Et à son tour, la littérature du mouvement libéral est également devenue plus sérieuse

A na oplátku se literatura liberálního hnutí stala také serióznější

L'Allemagne a eu l'occasion longtemps souhaitée par le « vrai » socialisme de se voir offrir

Německu byla nabídnuta dlouho vytoužená příležitost pro "pravý" socialismus

l'occasion de confronter le mouvement politique aux revendications socialistes

možnost konfrontovat politické hnutí se socialistickými požadavky

l'occasion de jeter les anathèmes traditionnels contre le libéralisme

příležitost vrhnout tradiční klatby na liberalismus

l'occasion d'attaquer le gouvernement représentatif et la concurrence bourgeoise

možnost útočit na zastupitelskou vládu a buržoazní konkurenci

Liberté de la presse bourgeoise, législation bourgeoise, liberté et égalité bourgeoise

Buržoazie svoboda tisku, buržoazní zákonodárství, buržoazní svoboda a rovnost

Tout cela pourrait maintenant être critiqué dans le monde réel, plutôt que dans la fantaisie

To vše by nyní mohlo být kritizováno v reálném světě, spíše než ve fantazii

L'aristocratie féodale et la monarchie absolue prêchaient depuis longtemps aux masses

Feudální aristokracie a absolutní monarchie dlouho kázaly masám

« L'ouvrier n'a rien à perdre, et il a tout à gagner »

"Pracující člověk nemá co ztratit a může všechno získat"

le mouvement bourgeois offrait aussi une chance de se confronter à ces platitudes

buržoazní hnutí také nabízelo příležitost konfrontovat tyto otřepané fráze

la critique française présupposait l'existence d'une société bourgeoise moderne

francouzská kritika předpokládala existenci moderní buržoazní společnosti

Conditions économiques d'existence de la bourgeoisie et constitution politique de la bourgeoisie

Buržoazie: ekonomické podmínky existence a politické zřízení buržoazie

les choses mêmes dont la réalisation était l'objet de la lutte imminente en Allemagne

právě ty věci, jejichž dosažení bylo předmětem probíhajícího boje v Německu

L'écho stupide du socialisme en Allemagne a abandonné ces objectifs juste à temps

Hloupá ozvěna socialismu v Německu opustila tyto cíle právě v pravý čas

Les gouvernements absolus avaient leur suite de pasteurs, de professeurs, d'écuyers de campagne et de fonctionnaires

Absolutní vlády měly své přívržence z řad farářů, profesorů, venkovských statkářů a úředníků

le gouvernement de l'époque a répondu aux soulèvements de la classe ouvrière allemande par des coups de fouet et des balles

tehdejší vláda reagovala na povstání německé dělnické třídy bičováním a kulkami

pour eux, ce socialisme était un épouvantail bienvenu contre la bourgeoisie menaçante

Pro ně byl tento socialismus vítaným strašákem před hrozící buržoazií

et le gouvernement allemand a pu offrir un dessert sucré après les pilules amères qu'il a distribuées

a německá vláda byla schopna nabídnout sladký dezert po hořkých pilulkách, které rozdala

ce « vrai » socialisme servait donc aux gouvernements d'arme pour combattre la bourgeoisie allemande

tento "pravý" socialismus tak sloužil vládám jako zbraň v boji proti německé buržoazii

et, en même temps, il représentait directement un intérêt réactionnaire ; celle des Philistins allemands

a zároveň přímo zastupovala reakční zájmy; zákon německých šosáků

En Allemagne, la petite bourgeoisie est la véritable base sociale de l'état de choses actuel

V Německu je maloburžoazní třída skutečnou společenskou základnou nynějšího stavu věcí

une relique du XVIe siècle qui n'a cessé de surgir sous diverses formes

pozůstatkem šestnáctého století, který se neustále vynořuje v různých podobách

Conserver cette classe, c'est préserver l'état de choses existant en Allemagne

Zachovat tuto třídu znamená zachovat nynější stav věcí v Německu

La suprématie industrielle et politique de la bourgeoisie menace la petite bourgeoisie d'une destruction certaine

Průmyslová a politická nadvláda buržoazie hrozí maloburžoazii jistou zánikem

d'une part, elle menace de détruire la petite bourgeoisie par la concentration du capital

na jedné straně hrozí, že koncentrací kapitálu zničí maloburžoazii

d'autre part, la bourgeoisie menace de la détruire par l'avènement d'un prolétariat révolutionnaire

na druhé straně buržoazie hrozí, že ji zničí vzestupem revolučního proletariátu

Le « vrai » socialisme semblait faire d'une pierre deux coups. Il s'est répandu comme une épidémie

Zdálo se, že "pravý" socialismus zabil tyto dvě mouchy jednou ranou. Šířilo se to jako epidemie

La robe de toiles d'araignées spéculatives, brodée de fleurs de rhétorique, trempée dans la rosée du sentiment maladif

Roucho ze spekulativních pavučin, vyšívaných květy rétoriky, nasáklé rosou chorobného sentimentu

cette robe transcendantale dans laquelle les socialistes allemands enveloppaient leurs tristes « vérités éternelles »

toto transcendentální roucho, do kterého němečtí socialisté zahalili své politováníhodné "věčné pravdy"

tout de peau et d'os, servaient à augmenter
merveilleusement la vente de leurs marchandises auprès
d'un public aussi

Všechno to šlo jen na kost a kůži, posloužilo k
podivuhodnému zvýšení prodeje jejich zboží mezi takovou
veřejností.

Et de son côté, le socialisme allemand reconnaissait de plus
en plus sa propre vocation

A německý socialismus ze své strany stále více uznával své
vlastní poslání

on l'appelait à être le représentant grandiloquent de la
petite-bourgeoisie philistine

byla povolána k tomu, aby byla nabubřelým představitelem
maloburžoazního šosáka

Il proclamait que la nation allemande était la nation modèle,
et le petit philistin allemand l'homme modèle

Prohlásil německý národ za vzorný národ a německého
malošosáka za vzorného člověka

À chaque méchanceté de cet homme modèle, elle donnait
une interprétation socialiste cachée, plus élevée

Každé ničemnosti tohoto vzorného člověka dávala skrytý,
vyšší, socialistický výklad

cette interprétation socialiste supérieure était l'exact
contraire de son caractère réel

tento vyšší, socialistický výklad byl pravým opakem jeho
skutečného charakteru

Il est allé jusqu'à s'opposer directement à la tendance «
brutalement destructrice » du communisme

Zašla až tak daleko, že se přímo postavila proti "brutálně
destruktivní" tendenci komunismu

et il proclamait son mépris suprême et impartial de toutes
les luttes de classes

a vyhlásila své nejvyšší a nestranné pohrdání všemi třídními
boji

À de très rares exceptions près, toutes les publications dites
socialistes et communistes qui circulent aujourd'hui (1847)

en Allemagne appartiennent au domaine de cette littérature nauséabonde et énervante

Až na několik málo výjimek patří všechny takzvané socialistické a komunistické publikace, které nyní (1847) obíhají v Německu, do oblasti této odporné a vyčerpávající literatury

2) Le socialisme conservateur ou le socialisme bourgeois
2) Konzervativní socialismus nebo buržoazní socialismus

Une partie de la bourgeoisie est désireuse de redresser les griefs sociaux
Část buržoazie si přeje napravit sociální křivdy
afin d'assurer la pérennité de la société bourgeoise
aby byla zajištěna další existence buržoazní společnosti
C'est à cette section qu'appartiennent les économistes, les philanthropes, les humanitaires
Do této sekce patří ekonomové, filantropové, humanisté
améliorateurs de la condition de la classe ouvrière et organisateurs de la charité
zlepšovatelé podmínek dělnické třídy a organizátoři charity
membres des sociétés de prévention de la cruauté envers les animaux
Členové Společností pro prevenci týrání zvířat
fanatiques de la tempérance, réformateurs de toutes sortes imaginables
Fanatici střídmosti, zabednění reformátoři všeho možného druhu
Cette forme de socialisme a, d'ailleurs, été élaborée en systèmes complets
Tato forma socialismu byla navíc rozpracována do úplných systémů
On peut citer la « Philosophie de la Misère » de Proudhon comme exemple de cette forme
Jako příklad této formy můžeme uvést Proudhonovu "Philosophie de la Misère"
La bourgeoisie socialiste veut tous les avantages des conditions sociales modernes
Socialistická buržoazie chce všechny výhody moderních společenských poměrů
mais la bourgeoisie socialiste ne veut pas nécessairement des luttes et des dangers qui en résultent

ale socialistická buržoazie nemusí nutně chtít výsledné boje a nebezpečí

Ils désirent l'état actuel de la société, sans ses éléments révolutionnaires et désintégrateurs

Přejí si stávající stav společnosti, bez jejích revolučních a rozkladných prvků

c'est-à-dire qu'ils veulent une bourgeoisie sans prolétariat

jinými slovy, přejí si buržoazii bez proletariátu

La bourgeoisie conçoit naturellement le monde dans lequel elle est souveraine d'être là meilleure

Buržoazie přirozeně pojímá svět, v němž je nejvyšší, jako nejlepší

et le socialisme bourgeois développe cette conception confortable en divers systèmes plus ou moins complets

a buržoazní socialismus rozvíjí tuto pohodlnou koncepci do různých více či méně ucelených systémů

ils voudraient beaucoup que le prolétariat marche droit dans la Nouvelle Jérusalem sociale

velmi by si přáli, aby proletariát pochodoval rovnou do sociálního Nového Jeruzaléma

Mais en réalité, elle exige du prolétariat qu'il reste dans les limites de la société existante

Ve skutečnosti však vyžaduje, aby proletariát zůstal v mezích nynější společnosti

ils demandent au prolétariat de se débarrasser de toutes ses idées haineuses sur la bourgeoisie

žádají proletariát, aby odhodil všechny své nenávistné představy o buržoazii

il y a une seconde forme plus pratique, mais moins systématique, de ce socialisme

existuje druhá, praktičtější, ale méně systematická forma tohoto socialismu

Cette forme de socialisme cherchait à déprécier tout mouvement révolutionnaire aux yeux de la classe ouvrière

Tato forma socialismu se snažila znehodnotit každé revoluční hnutí v očích dělnické třídy

Ils soutiennent qu'aucune simple réforme politique ne pourrait leur être d'un quelconque avantage

Tvrdí, že žádná pouhá politická reforma by jim nemohla být prospěšná

Seul un changement dans les conditions matérielles d'existence dans les relations économiques est bénéfique

Prospěšná je jen změna materiálních existenčních podmínek v hospodářských vztazích

Comme le communisme, cette forme de socialisme prône un changement des conditions matérielles d'existence

Stejně jako komunismus, i tato forma socialismu obhajuje změnu materiálních podmínek existence

Cependant, cette forme de socialisme ne suggère nullement l'abolition des rapports de production bourgeois

tato forma socialismu však v žádném případě nenaznačuje zrušení buržoazních výrobních vztahů

l'abolition des rapports de production bourgeois ne peut se faire que par la révolution

Zrušení buržoazních výrobních vztahů lze dosáhnout pouze revolucí

Mais au lieu d'une révolution, cette forme de socialisme suggère des réformes administratives

Ale místo revoluce tato forma socialismu navrhuje administrativní reformy

et ces réformes administratives seraient fondées sur la pérennité de ces relations

a tyto správní reformy by byly založeny na pokračující existenci těchto vztahů

réformes qui n'affectent en rien les rapports entre le capital et le travail

tedy reformy, které se v žádném ohledu nedotýkají vztahů mezi kapitálem a prací

au mieux, de telles réformes réduisent le coût et simplifient le travail administratif du gouvernement bourgeois

v nejlepším případě takové reformy snižují náklady a zjednodušují administrativní práci buržoazní vlády

Le socialisme bourgeois atteint une expression adéquate lorsque, et seulement lorsque, il devient une simple figure de style

Buržoazní socialismus nabývá adekvátního výrazu tehdy a jen tehdy, když se stane pouhým řečnickým obratem

Le libre-échange : au profit de la classe ouvrière

Volný obchod: ve prospěch dělnické třídy

Les devoirs protecteurs : au profit de la classe ouvrière

Ochranné povinnosti: ve prospěch dělnické třídy

Réforme pénitentiaire : au profit de la classe ouvrière

Vězeňská reforma: ve prospěch dělnické třídy

C'est le dernier mot et le seul mot sérieux du socialisme bourgeois

To je poslední slovo a jediné vážně míněné slovo buržoazního socialismu

Elle se résume dans la phrase : la bourgeoisie est une bourgeoisie au profit de la classe ouvrière

Shrnuje se ve větě: buržoazie je buržoazií ve prospěch dělnické třídy

3) Socialisme et communisme utopiques critiques

3) Kriticko-utopický socialismus a komunismus

Nous ne nous référons pas ici à la littérature qui a toujours donné la parole aux revendications du prolétariat

Nemluvíme zde o literatuře, která vždy dávala hlas požadavkům proletariátu

cela a été présent dans toutes les grandes révolutions modernes, comme les écrits de Babeuf et d'autres

to bylo přítomno v každé velké moderní revoluci, jako jsou spisy Babeufovy a další

Les premières tentatives directes du prolétariat pour parvenir à ses propres fins échouèrent nécessairement

První přímé pokusy proletariátu dosáhnout svých vlastních cílů nutně ztroskotaly

Ces tentatives ont été faites dans des temps d'effervescence universelle, lorsque la société féodale était renversée

Tyto pokusy byly činěny v dobách všeobecného rozruchu, kdy byla svržena feudální společnost

L'état alors peu développé du prolétariat a conduit à l'échec de ces tentatives

Tehdy nerozvinutý stav proletariátu vedl k tomu, že tyto pokusy selhaly

et ils ont échoué en raison de l'absence des conditions économiques pour son émancipation

a to kvůli absenci ekonomických podmínek pro její emancipaci

conditions qui n'avaient pas encore été produites, et qui ne pouvaient être produites que par l'époque de la bourgeoisie

poměry, které teprve měly být vytvořeny a mohly být vytvořeny pouze nastupující buržoazní epochou

La littérature révolutionnaire qui accompagnait ces premiers mouvements du prolétariat avait nécessairement un caractère réactionnaire

Revoluční literatura, která doprovázela tato první hnutí proletariátu, měla nutně reakční charakter

Cette littérature inculquait l'ascétisme universel et le nivellement social dans sa forme la plus grossière

Tato literatura vštěpovala všeobecnou askezi a sociální
nivelizaci v její nejhrubší formě

**Les systèmes socialistes et communistes, proprement dits,
naissent au début de la période sous-développée**

Socialistický a komunistický systém, jak se vlastně nazývá,
vznikají v raném nerozvinutém období

**Saint-Simon, Fourier, Owen et d'autres, ont décrit la lutte
entre le prolétariat et la bourgeoisie (voir section 1)**

Saint-Simon, Fourier, Owen a jiní popsali boj mezi
proletariátem a buržoazií (viz oddíl 1)

**Les fondateurs de ces systèmes voient, en effet, les
antagonismes de classe**

Zakladatelé těchto systémů vskutku vidí třídní protiklady

**Ils voient aussi l'action des éléments en décomposition, dans
la forme dominante de la société**

Vidí také působení rozkládajících se prvků v převládající
formě společnosti

**Mais le prolétariat, encore à ses débuts, leur offre le
spectacle d'une classe sans aucune initiative historique**

Ale proletariát, který je ještě v plenkách, jim nabízí spektákl
třídy bez jakékoli historické iniciativy

**Ils voient le spectacle d'une classe sociale sans aucun
mouvement politique indépendant**

vidí spektákl společenské třídy bez jakéhokoli nezávislého
politického hnutí

**Le développement de l'antagonisme de classe va de pair
avec le développement de l'industrie**

Vývoj třídních protikladů drží krok s rozvojem průmyslu

**La situation économique ne leur offre donc pas encore les
conditions matérielles de l'émancipation du prolétariat**

Hospodářská situace jim tedy ještě neposkytuje materiální
podmínky pro osvobození proletariátu

**Ils cherchent donc une nouvelle science sociale, de nouvelles
lois sociales, qui doivent créer ces conditions**

Hledají proto novou společenskou vědu, nové společenské
zákony, které by tyto podmínky vytvořily

l'action historique, c'est céder à leur action inventive personnelle

Historická akce znamená poddat se své osobní vynalézavé činnosti

Les conditions d'émancipation créées historiquement doivent céder la place à des conditions fantastiques

historicky vytvořené podmínky emancipace mají ustoupit fantastickým podmínkám

et l'organisation de classe graduelle et spontanée du prolétariat doit céder la place à l'organisation de la société

a postupná, živelná třídní organizace proletariátu má ustoupit organisaci společnosti

l'organisation de la société spécialement conçue par ces inventeurs

organizace společnosti speciálně vymyšlená těmito vynálezci

L'histoire future se résout, à leurs yeux, dans la propagande et l'exécution pratique de leurs projets sociaux

Budoucí dějiny se v jejich očích redukují na propagandu a praktické uskutečňování jejich sociálních plánů

Dans l'élaboration de leurs plans, ils ont conscience de s'occuper avant tout des intérêts de la classe ouvrière

Při vytváření svých plánů jsou si vědomi, že se starají především o zájmy dělnické třídy

Ce n'est que du point de vue d'être la classe la plus souffrante que le prolétariat existe pour eux

Proletariát pro ně existuje pouze z hlediska toho, že jsou nejvíce trpící třídou

L'état sous-développé de la lutte des classes et leur propre environnement informent leurs opinions

Nevyvinutý stav třídního boje a jejich vlastní okolí formují jejich názory

Les socialistes de ce genre se considèrent comme bien supérieurs à tous les antagonismes de classe

Socialisté tohoto druhu se považují za daleko nadřazené všem třídním protikladům

Ils veulent améliorer la condition de tous les membres de la société, même celle des plus favorisés

Chtějí zlepšit podmínky každého člena společnosti, dokonce i těch nejbohatších

Par conséquent, ils s'adressent habituellement à la société dans son ensemble, sans distinction de classe

Proto mají ve zvyku apelovat na společnost jako celek, bez rozdílu třídy

Bien plus, ils font appel à la société dans son ensemble de préférence à la classe dirigeante

ba dokonce apelují na společnost jako celek tím, že dávají přednost vládnoucí třídě

Pour eux, tout ce qu'il faut, c'est que les autres comprennent leur système

Pro ně to vyžaduje jen to, aby ostatní pochopili jejich systém

Car comment les gens peuvent-ils ne pas voir que le meilleur plan possible est le meilleur état possible de la société ?

Protože jak mohou lidé nevidět, že nejlepší možný plán je pro nejlepší možný stav společnosti?

C'est pourquoi ils rejettent toute action politique, et surtout toute action révolutionnaire

Proto odmítají veškerou politickou a zejména veškerou revoluční akci

ils veulent arriver à leurs fins par des moyens pacifiques

chtějí dosáhnout svých cílů mírovými prostředky

ils s'efforcent, par de petites expériences, qui sont nécessairement vouées à l'échec

Snaží se o to malými experimenty, které jsou nutně odsouzeny k neúspěchu

et par la force de l'exemple, ils essaient d'ouvrir la voie au nouvel Évangile social

a silou příkladu se snaží připravit cestu novému sociálnímu evangeliu

De tels tableaux fantastiques de la société future, peints à une époque où le prolétariat est encore dans un état très sous-développé

Takové fantastické obrazy budoucí společnosti, namalované v době, kdy proletariát je ještě ve velmi nevyvinutém stavu

et il n'a encore qu'une conception fantasmatique de sa propre position

a má ještě jen fantastickou představu o svém vlastním postavení

Mais leurs premières aspirations instinctives correspondent aux aspirations du prolétariat

Ale jejich první instinktivní touhy odpovídají touhám proletariátu

L'un et l'autre aspirent à une reconstruction générale de la société

Oba touží po celkové přestavbě společnosti

Mais ces publications socialistes et communistes contiennent aussi un élément critique

Ale tyto socialistické a komunistické publikace obsahují také kritický prvek

Ils s'attaquent à tous les principes de la société existante

Útočí na každý princip existující společnosti

C'est pourquoi ils sont remplis des matériaux les plus précieux pour l'illumination de la classe ouvrière

Jsou tedy plné nejcennějšího materiálu pro osvětu dělnické třídy

Ils proposent l'abolition de la distinction entre la ville et la campagne, et la famille

Navrhují zrušení rozdílu mezi městem a venkovem a rodinou

la suppression de l'exercice de l'industrie pour le compte des particuliers

Zrušení provozování průmyslu na účet soukromých osob

et l'abolition du salariat et la proclamation de l'harmonie sociale

a zrušení mzdového systému a vyhlášení sociální harmonie

la transformation des fonctions de l'État en une simple surveillance de la production

přeměna funkcí státu v pouhý dohled nad výrobou

Toutes ces propositions ne pointent que vers la disparition des antagonismes de classe

Všechny tyto návrhy poukazují jen na to, že třídní protiklady zmizely

Les antagonismes de classe ne faisaient alors que surgir

Třídní protiklady se v té době teprve objevovaly

Dans ces publications, ces antagonismes de classe ne sont reconnus que dans leurs formes les plus anciennes, indistinctes et indéfinies

V těchto publikacích jsou tyto třídní protiklady rozpoznány jen ve svých nejranějších, neurčitých a neurčitých formách

Ces propositions ont donc un caractère purement utopique

Tyto návrhy jsou tedy čistě utopického rázu

La signification du socialisme et du communisme critiques-utopiques est en relation inverse avec le développement historique

Význam kriticko-utopického socialismu a komunismu nese nepřímý vztah k historickému vývoji

La lutte de classe moderne se développera et continuera à prendre une forme définitive

Moderní třídní boj se bude rozvíjet a bude se nadále přesně formovat

Cette réputation fantastique du concours perdra toute valeur pratique

Toto fantastické postavení ze soutěže ztratí veškerou praktickou hodnotu

Ces attaques fantastiques contre les antagonismes de classe perdront toute justification théorique

Tyto fantastické útoky na třídní protiklady ztratí veškeré teoretické opodstatnění

Les initiateurs de ces systèmes étaient, à bien des égards, révolutionnaires

Původci těchto systémů byli v mnoha ohledech revoluční

Mais leurs disciples n'ont, dans tous les cas, formé que des sectes réactionnaires

Ale jejich učedníci vytvořili v každém případě jen reakční sekty

Ils s'en tiennent fermement aux vues originales de leurs maîtres

Pevně se drží původních názorů svých mistrů

Mais ces vues s'opposent au développement historique progressif du prolétariat

Ale tyto názory jsou v rozporu s postupným historickým vývojem proletariátu

Ils s'efforcent donc, et cela constamment, d'étouffer la lutte des classes

Snaží se tedy, a to důsledně, otupit třídní boj

et ils s'efforcent constamment de concilier les antagonismes de classe

a důsledně se snaží smířit třídní protiklady

Ils rêvent encore de la réalisation expérimentale de leurs utopies sociales

Stále sní o experimentální realizaci svých sociálních utopií

ils rêvent encore de fonder des « phalanstères » isolés et d'établir des « colonies d'origine »

stále sní o zakládání izolovaných "falansterů" a zakládání "domovských kolonií"

ils rêvent de mettre en place une « Petite Icarie » – éditions duodecimo de la Nouvelle Jérusalem

sní o založení "Malé Ikárie" – duodecimo vydání Nového Jeruzaléma

Et ils rêvent de réaliser tous ces châteaux dans les airs

a sní o tom, že si uvědomí všechny ty vzdušné zámky

Ils sont obligés de faire appel aux sentiments et aux bourses des bourgeois

Jsou nuceni apelovat na city a peněženky buržoazie

Peu à peu, ils s'enfoncent dans la catégorie des socialistes conservateurs réactionnaires décrits ci-dessus

Postupně se propadají do kategorie reakčních konzervativních socialistů, jak jsme je vylíčili výše

ils ne diffèrent de ceux-ci que par une pédanterie plus systématique

Liší se od nich jen systematičtějším pedantstvím

et ils diffèrent par leur croyance fanatique et superstitieuse aux effets miraculeux de leur science sociale

a liší se svou fanatickou a pověrčivou vírou v zázračné účinky svých společenských věd

Ils s'opposent donc violemment à toute action politique de la part de la classe ouvrière

Proto se násilně staví proti každé politické akci dělnické třídy

une telle action, selon eux, ne peut résulter que d'une incrédulité aveugle dans le nouvel Évangile

takové jednání může podle nich vyplynout jen ze slepé nevíry v nové evangelium

Les owénistes en Angleterre et les fouriéristes en France s'opposent respectivement aux chartistes et aux réformistes

Owenovci v Anglii a fourierovci ve Francii se staví proti chartistům a "réformistům"

Position des communistes par rapport aux divers partis d'opposition existants

Postavení komunistů ve vztahu k různým existujícím opozičním stranám

La section II a mis en évidence les relations des communistes avec les partis ouvriers existants

Oddíl II objasnil poměr komunistů k existujícím dělnickým stranám

comme les chartistes en Angleterre et les réformateurs agraires en Amérique

jako chartisté v Anglii a agrární reformátoři v Americe

Les communistes luttent pour la réalisation des objectifs immédiats

Komunisté bojují za dosažení bezprostředních cílů

Ils luttent pour l'application des intérêts momentanés de la classe ouvrière

Bojují za prosazení momentálních zájmů dělnické třídy

Mais dans le mouvement politique d'aujourd'hui, ils représentent et s'occupent aussi de l'avenir de ce mouvement

Ale v současném politickém hnutí také reprezentují a starají se o budoucnost tohoto hnutí

En France, les communistes s'allient avec les social-démocrates

Ve Francii se komunisté spojují se sociálními demokraty

et ils se positionnent contre la bourgeoisie conservatrice et radicale

a staví se proti konzervativní a radikální buržoazii

cependant, ils se réservent le droit d'adopter une position critique à l'égard des phrases et des illusions traditionnellement héritées de la grande Révolution

vyhrazují si však právo zaujmout kritické stanovisko k frázím a iluzím tradičně tradovaným z velké revoluce

En Suisse, ils soutiennent les radicaux, sans perdre de vue que ce parti est composé d'éléments antagonistes

Ve Švýcarsku podporují radikály, aniž ztrácejí ze zřetele, že tato strana se skládá z antagonistických živlů

en partie des socialistes démocrates, au sens français du terme, en partie de la bourgeoisie radicale

zčásti demokratických socialistů ve francouzském smyslu, zčásti radikální buržoazie

En Pologne, ils soutiennent le parti qui insiste sur la révolution agraire comme condition première de l'émancipation nationale

V Polsku podporují stranu, která trvá na agrární revoluci jako na první podmínce národní emancipace

ce parti qui fomenta l'insurrection de Cracovie en 1846

ta strana, která podnítila krakovské povstání v roce 1846

En Allemagne, ils luttent avec la bourgeoisie chaque fois qu'elle agit de manière révolutionnaire

V Německu bojují s buržoazií, kdykoli jedná revolučně

contre la monarchie absolue, l'escroc féodal et la petite bourgeoisie

proti absolutní monarchii, feudálnímu statkářství a maloburžoazii

Mais ils ne cessent jamais, un seul instant, inculquer à la classe ouvrière une idée particulière

Nikdy však nepřestanou ani na okamžik vštěpovat dělnické třídě jednu konkrétní myšlenku

la reconnaissance la plus claire possible de l'antagonisme hostile entre la bourgeoisie et le prolétariat

co nejjasnější poznání nepřátelského protikladu mezi buržoazií a proletariátem

afin que les ouvriers allemands puissent immédiatement utiliser les armes dont ils disposent

aby němečtí dělníci mohli ihned použít zbraní, které mají k dispozici

les conditions sociales et politiques que la bourgeoisie doit nécessairement introduire en même temps que sa suprématie

sociální a politické podmínky, které buržoazie musí nutně
zavést spolu se svou nadvládou
la chute des classes réactionnaires en Allemagne est
inévitable
pád reakčních tříd v Německu je nevyhnutelný
et alors la lutte contre la bourgeoisie elle-même peut
commencer immédiatement
a pak může okamžitě začít boj proti buržoazii samé
Les communistes tournent leur attention principalement
vers l'Allemagne, parce que ce pays est à la veille d'une
révolution bourgeoise
Komunisté obracejí svou pozornost hlavně k Německu,
protože tato země je na prahu buržoazní revoluce
une révolution qui ne manquera pas de s'accomplir dans des
conditions plus avancées de la civilisation européenne
revoluce, která se musí uskutečnit v pokročilejších
podmínkách evropské civilizace
Et elle ne manquera pas de se faire avec un prolétariat
beaucoup plus développé
a musí být prováděna s mnohem vyvinutějším proletariátem
un prolétariat plus avancé que celui de l'Angleterre au XVIIe
siècle, et celui de la France au XVIIIe siècle
proletariát pokročilejší než byl proletariát Anglie v
sedmnáctém století a ve Francii v osmnáctém století
et parce que la révolution bourgeoise en Allemagne ne sera
que le prélude d'une révolution prolétarienne qui suivra
immédiatement
a protože buržoazní revoluce v Německu bude jen předehrou
k bezprostředně následující proletářské revoluci
Bref, partout les communistes soutiennent tout mouvement
révolutionnaire contre l'ordre social et politique existant
Stručně řečeno, komunisté všude podporují každé revoluční
hnutí proti existujícímu společenskému a politickému řádu
věcí

Dans tous ces mouvements, ils mettent au premier plan, comme la question maîtresse de chacun d'eux, la question de la propriété

Ve všech těchto hnutích vynášejí do popředí jako vůdčí otázku v každém z nich otázku vlastnictví

quel que soit son degré de développement dans ce pays à ce moment-là

bez ohledu na to, jaký stupeň rozvoje je v dané zemi v té době

Enfin, ils œuvrent partout pour l'union et l'accord des partis démocratiques de tous les pays

A konečně všude pracují pro sjednocení a dohodu demokratických stran všech zemí

Les communistes dédaignent de dissimuler leurs vues et leurs objectifs

Komunisté pohrdají skrýváním svých názorů a cílů

Ils déclarent ouvertement que leurs fins ne peuvent être atteintes que par le renversement par la force de toutes les conditions sociales existantes

Otevřeně prohlašují, že jejich cílů může být dosaženo jen násilným svržením všech existujících společenských poměrů

Que les classes dirigeantes tremblent devant une révolution communiste

Nechť se vládnoucí třídy třesou před komunistickou revolucí

Les prolétaires n'ont rien d'autre à perdre que leurs chaînes

Proletáři nemají co ztratit kromě svých okovů

Ils ont un monde à gagner

Mají svět, který mohou vyhrát

TRAVAILLEURS DE TOUS LES PAYS, UNISSEZ-VOUS !

PRACUJÍCÍ LIDÉ VŠECH ZEMÍ, SPOJTE SE!